L'ART DE GOUVERNER

UN PEUPLE

D'après les principes d'Économie

PREMIÈRE ET DEUXIÈME PARTIE

PAR

TARVI, Économiste

PRIX :

Les deux Parties réunies. 1 fr. 50
Séparées chacune....... 0 fr. 80

LECLÈRE, Éditeur

43, RUE LEPIC, 43

PARIS

—

1890

L'ART DE GOUVERNER

UN PEUPLE

D'après les principes d'Économie

PREMIÈRE ET DEUXIÈME PARTIE

PAR

TARVI, Économiste

—+·|·|·|·|+—

PRIX :

Les deux Parties réunies. 1 fr. 50
Séparées chacune........ 0 fr. 80

—·||·×·||·—

LECLÈRE, Éditeur

43, RUE LEPIC, 43

PARIS

—

1890

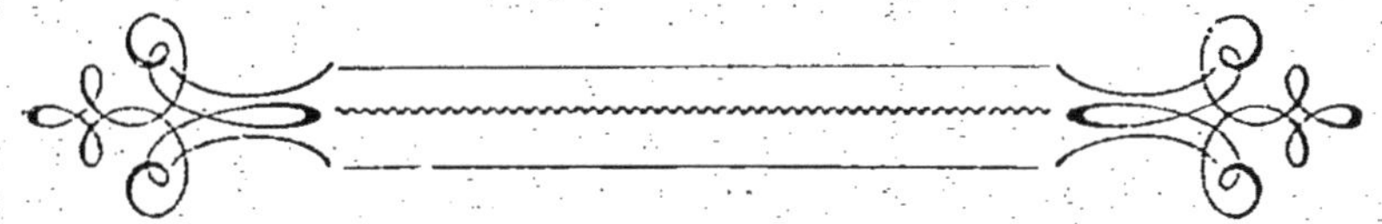

INTRODUCTION

L'ART DE GOUVERNER
UN PEUPLE

Soit à titre de Ministre, Gouverneur de Colonie ou Pays assimilé, Sénateur, Député, Préfet, Maire, etc., de Citoyen de la République.

Il n'est pas indifférent que tous les Citoyens possèdent cet art.

Attendu : que sous un régime Démocratique, *Nul ne doit être exclu, par état, des plus hautes fonctions administratives*, en vertu des pouvoirs souverains. Que tous les Officiers de l'armée, ceux de la réserve comme de l'armée territoriale, peuvent être placés à la tête d'une collection d'individus à administrer.

En outre, n'est-il pas nécessaire d'obtenir de tous les candidats à la Députation, aux Conseils généraux, communaux, au Sénat ; l'assurance qu'ils possèdent les principes d'économie, sans lesquels on ne peut gouverner un État pas plus qu'un simple établissement. Qu'espérer en effet d'un Député qui laissera partir l'argent du Pays pour acheter les grains à l'étranger, quand les nôtres sont invendus ; qui refusera de laisser établir les voies de communication qui doivent procurer à l'exportation, les prix de transport réduits, etc. ; d'un Maire ou d'un Préfet qui n'encouragera pas la plus grande perfection de la culture et du mode de transport, etc. ; d'un négociant qui introduit des produits fabriqués qui nuisent à nos industries ou à l'Agriculture.

Cet ouvrage place sous les yeux du lecteur le devoir d'un bon Gouvernement d'après les principes des Philosophes du XVIIIe siècle. Ils sont appliqués dans les états les plus florissants, en Angleterre, en Suisse, aux États-Unis. Dans ces États aucun candidat Député ne se présenterait sans posséder l'art de gouverner qui devrait être enseigné en France dans toutes les écoles, les régiments, à tous les hommes se destinant au commerce et principalement à celui avec les colonies ou d'exportation pour lequel on délivrerait un brevet, comme cela est pratiqué dans d'autres États tels que l'Angleterre, la Hollande, l'Allemagne.

Cet ouvrage se prête merveilleusement à cela; il se recommande à tous les Citoyens.

Lorsque l'auteur est contraint dans un but d'économie, de signaler des réformes, ce sont des constatations qu'il émet et non des critiques ni des jugements.

Tous les chiffres donnés sont relevés sur des documents officiels comme le bulletin de la Douane pour les statistiques du commerce français.

Si quelque erreur est signalée, il en sera tenu compte dans l'édition suivante.

L'auteur, n'ayant d'autre souci que le développement méthodique des grandes ressources Agricoles et Industrielles, l'économie dans les finances et le gouvernement, sera largement récompensé s'il y a réussi, même partiellement le reste arrivera plus tard. Étant d'avis que le Peuple doit être instruit progressivement, il serait injuste de lui demander toutes à la fois les transformations indiquées dans cet ouvrage, ce serait l'âge d'or à bref délai pour tous mes bons concitoyens. Qu'ils réalisent les principes d'économie si exactement prescrits et suivis dans les grands États commerçants et mon cher Pays ignorera pour toujours les crises; sa richesse, celle de ses colonies n'auront plus de borne que la limite de leur population et de leurs produits. Sa puissance dépassera nos espérances.

J'ai l'honneur de dédier cet ouvrage à mes Lecteurs.

Mon but est-il atteint, ai-je réussi à faire une chose utile à la nation? C'est aux Lecteurs à juger.

A défaut d'autre mérite, nous avons celui de nous être occupé ardemment, des importantes questions contenues dans cet ouvrage qui est le premier traitant ces hautes questions.

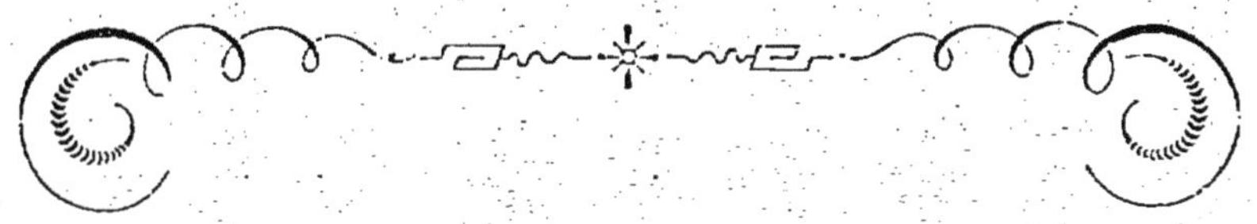

PREMIÈRE PARTIE

L'Art de gouverner les Peuples d'après les principes fixes d'économie appliqués chez les Nations les plus prospères, ou les crises sont inconnues et impossibles.

CHAPITRE PREMIER

DU GOUVERNEMENT,

DE CE QU'IL DOIT AU PEUPLE.

Un Gouvernement est une institution formée à l'image des mœurs, des qualités, des défauts d'un Peuple.

C'est du consentement du Peuple qu'est formé ce Gouvernement qui a pour mission l'application et l'usage des pouvoirs souverains suivants :

1° *D'Assurer la sécurité de la vie et des biens des citoyens.* — Quel que soit le pouvoir accordé à ceux qui gouvernent, ils n'ont aucun droit de disposer, de saisir des biens propres, ni sur l'existence d'aucun Citoyen, sans le consentement de ce dernier ou sans jugement.

2° *De procurer au Peuple la plus grande somme de Liberté.* — Celle-ci n'est obtenue que lorsque ce Peuple n'a besoin d'aucun autre pour pourvoir à son existence.

3° *De lui fournir les voies les plus commodes et économiques pour le transport de ses produits et denrées.* — C'est par l'eau qu'on les obtient.

4° *D'appliquer les lois également à tous.*

5° *Si ce Gouvernement est Démocratique, aucun Citoyen n'est exclu par état des charges, des fonctions et dignités du Gouvernement.* — D'où vient que seuls les polytechniciens sont exclusivement les autocrates de tout ?

6° *De maintenir l'agriculture à sa plus grande perfection, l'honorant comme la plus utile à la nation* ; puisque c'est elle qui est la source de l'industrie, du commerce et de l'exportation.

Un gouvernement n'est utile qu'aux conditions précédentes et que sa préoccupation unique soit : *le bonheur, la Liberté, la sécurité du Peuple, développés sans cesse, par l'instruction et les écoles ouvertes à tous.* Ces six articles forment les pouvoirs souverains.

On obtient ce développement par l'application de

Principes d'économie qui sont le code d'un bon Gouvernement et la base de ses travaux ; s'il les méconnait, les ressources de la nation s'épuiseront rapidement sans que rien en puisse arrêter la fuite.

Nous indiquerons plus loin ceux appliqués par plusieurs des gouvernements les plus prospères. (2e Partie).

II. **On distingue plusieurs formes de Gouvernement :**

1° *L'Autocratique.* — A la tête duquel est un seul homme. Qu'il se fasse appeler, Empereur, Roi, Président, Consul, dès qu'il a seul la souveraine puissance, son Gouvernement est autocratique.

2° *Constitutionnel.* — Lorsqu'il est régi d'après une Constitution. Si elle est faite par celui qui est à la tête de l'État, sans le concours du Peuple, il est autocratique. Il est libéral, dès que le Peuple ou ses représentants auront concourru à la confection de la Constitution.

3° *Démocratique.* — Quand seul le Peuple où ses mandataires sont les auteurs de la Constitution, des Lois et que *nul par état n'est exclu des fonctions, charges et dignités du Gouvernement.* Sinon il devient autocratique dès que le Peuple ou ses mandataires ne disposent plus des moyens d'appliquer les six formules Gouvernementales du Chap. 1er.

Il n'est *héréditaire* que lorsqu'il est *Autocratique ou Constitutionnel.*

III. La forme Démocratique du Gouvernement,

exclut absolument l'hérédité des fonctions de tous genres.

Attendu : 1° Que le Peuple est souverain, qu'il délègue ses pouvoirs pour un temps déterminé ; 2° que cette délégation ne peut s'exercer qu'en vertu de la loi qui convoque le Peuple à l'exercice de son pouvoir, borné à cet acte seul, c'est-à-dire à la nomination des délégués ou Députés Législateurs. Il est important qu'un pays, une nation ne reste pas un instant sans gouvernement et que de nouveaux législateurs soient nommés avant l'expiration des pouvoirs conférés aux précédents.

D'où il résulte, que les Citoyens ne manifestent leur souveraine puissance, qu'au moment ou ils déposent leur vote dans l'urne. Ensuite ils restent membres de la grande famille, que l'on nomme nation.

La majorité des voix engage toute l'assemblée ; elle représente la volonté du corps entier.

IV. Le Peuple est convoqué, suivant les Lois constitutionnelles, à nommer des Députés Législateurs. Ceux là choisissent parmi eux, celui auquel est dévolu la première Magistrature de l'État, remplissant les conditions d'âge et de capacités nécessaires à cette haute fonction dignitaire et paternelle.

Cette première Magistrature est chargée de faire observer la constitution par tous les membres du Gouvernement ; c'est la gardienne de la constitution. Le premier Magistrat se nomme Président en République.

Il est nécessaire, par expérience, que la Chambre des Députés ne soit pas seule à créer des lois, des impôts. Elle pourrait violemment abattre ce qu'elle adorait la veille, changer sans cesse la constitution de l'État pour l'approprier à l'opinion d'une majorité changeant à chaque période.

C'est pourquoi il fut créé une Chambre du Sénat confirmant ou infirmant, amendant au besoin les lois qui ont été votées par les Députés.

Tout électeur peut être élu Député. Il faut pour être élu Sénateur, avoir 40 ans révolus.

V. *La Constituante* est la réunion des membres des deux Chambres. Députés et Sénateurs, ne formant qu'une seule assemblée appelée Constituante.

Elle est présidée de droit par le Président du Sénat.

Elle ne peut délibérer que sur les points précis et qui lui sont soumis, soit par le Président de la République, ses Ministres ou le Président de la Constituante, et sur quelque changement à apporter à la constitution de l'État.

Le Gouvernement est formé en France :

1° Du Président de la République.

2° Des Ministres généralement au nombre de huit à douze.

3° De l'assemblée des Députés.

4° De l'assemblée des Sénateurs.

Chacune de ces assemblées possède un règlement déterminant la procédure à suivre et la police de la Chambre.

Le Sénat à un bureau nommé pour la durée d'une session, il est composé :

1° D'un Président ;

2° Quatre Vice-Présidents ;

3° Six Secrétaires ;

4° Trois Questeurs.

La Chambre des Députés nomme un bureau dirigeant les débats pour la durée d'une session.

Il est composé :

1° D'un Président ;

2° Quatre Vice-Présidents ;

3° Huit Secrétaires dont quatre doivent siéger ;

4° Trois Questeurs.

Il contient cent cinquante articles. Celui du Sénat cent quarante-deux.

La présence de cent cinquante-un membre est nécessaire pour la validité des votes du Sénat.

A la Chambre des Députés le nombre de deux cent soixante-sept membres est nécessaire pour la validité des votes.

C'est le premier Magistrat ou Président qui est chargé de choisir les Ministres faisant mettre les lois en vigueur.

En général les nations ont dix ministères :

L'Intérieur ;

La Guerre ;

Les Finances ;

Les Affaires Étrangères ;

Le Commerce ;

L'Agriculture ;

La Marine ;

L'Instruction publique ;

Les Postes ;

La Justice.

Les Ministres nomment aux emplois des services de leurs ministères respectifs.

En France où chacun veut être fonctionnaire on a poussé cet abus à un onzième Ministère, dit des Travaux-Publics, qui a décomposé celui du Commerce et de l'Agriculture, compromis les finances de l'État et toute l'économie du Pays, et a fait rétrograder la France du deuxième au huitième rang des nations commerçantes.

D'où il ressort : que les principes d'économie sont méconnus, qu'une telle forme gouvernementale manquant de base ne peut tenir debout. Ce ministère forme une autocratie repoussant, révoquant toutes les améliorations les plus nécessaires à l'économie, même malgré les décisions des Chambres. N'étant controlé que par lui-même, aucune limite n'existe à ses dépenses qui comptent par milliard chaque année.

Aussi la France a-t-elle les prix de transport à l'exportation les plus élevés du monde, malgré son énorme budget.

Elle n'a aucune voie maritime intérieure, quand les autres nations en sont abondamment pourvues.

Des fleuves et des rivières non navigables, des ports les moins praticables du monde sont la conséquence d'une telle infraction aux principes de Gouvernement n° 2, 5 et 6 chap. 1er.

Il est donc urgent que la Chambre seule gouverne sans partage.

Par un abus singulier on a nommé de *grandes commissions* dans la plupart des ministères.

Les membres sont en majorité des Polytechniciens qui gouvernent même les ministres.

On peut citer aux travaux publics la *grande commission des chemins de fer* !!!

Le Conseil général des Ponts et Chaussées !!! quand depuis quarante quatre ans on n'a fait aucune chaussée, que l'on n'en fera plus, etc. etc., superfétation.

Cela coûte 190 millions de subventions aux Chemins de fer privilégiés, sans concurrents !!!

30 millions que ce ministère donne à la marine en subventions servant à payer le transport des grains étrangers introduits en France pour 1200 millions l'an, ruinant ainsi notre agriculture.

140 millions pour constructions de Chemins de fer inutiles à raison de 312.000 fr. le kilomètre.

Quand ce kilomètre n'a jamais dépassé 100.000 fr. fait par l'industrie privée, on est en droit de se demander ou passe la différence.

Leur ignorance en économie leur a toujours fait repousser les projets de canaux maritimes intérieurs, seuls capables de fournir à l'industrie et à l'agriculture des prix de transports réduits permettant l'exportation, dont un seul de Paris à la mer ferait gagner plus de 1500 millions au pays qui, faute d'un semblable émissaire, perd un milliard l'an et depuis 1883 huit milliards et demi.

Ce même ministère de Polytechniciens incapables est nommé des Travaux publics ; il est chargé des tarifs de transport !!!

A ce sujet il est bon de rappeler ici ce que M. Vuilleminot-Huart rapporteur de l'exploitation des Chemins de fer à l'Exposition de Londres établit. Vol. 2. chez Chaix. Rapports sur l'Exposition de Londres par Michel Chevalier.

Il résulte de ce qui précède : *Que sur les Chemins de fer Français les marchandises y paient trois fois plus et sont livrées neuf fois moins vite que sur les Chemins de fer Anglais.* Est-ce assez net?..

A ce Ministère, ils ne lisent pas ; ce qui le prouve, c'est que depuis les conventions 1883, sur 5000 articles transportés par les Compagnies, plus de 4000 ont été relevées de série de façon à produire une augmentation de 10 à 146 pour cent. Telles sont les capacités de ces tristes administrateurs, qu'à la suite de ces tarifs, les établissements métallurgiques sombrent tour à tour ainsi que nos commissionnaires. Le rapport cité plus haut n'a point été lu puis qu'aujourd'hui ce n'est plus trois, mais six fois plus que paient les marchandises sur les Chemins de fer français que sur les Chemins de fer anglais.

VII. Les Députés Législateurs ne doivent établir que les lois protégeant la Liberté des Citoyens, le développement des ressources économiques. Routes, canaux, rivières navigables, amélioration des ports, de l'agriculture, toujours d'intérêt général. Évitant avec soin d'engager les finances de l'État. Concédant les travaux, s'il n'y aura que ceux auxquels ils seront utiles qui paieront. Éviter de favoriser les spéculateurs comme on le fait pour Rouen qui est autorisé non seulement a percevoir un droit sur tout ce qui y passe, mais a faire décharger les navires, timbrer, etc., pire que ne faisaient les pavillons noirs, total: des millions encaissés par des spéculateurs.

Les concessionnaires y dépenseront toujours trois et quatre fois moins que l'État, leur intérêt les obligera de bien entretenir ces voies, d'y attirer des clients. L'État n'aura point besoin de fonctionnaires nuisibles à l'extension du commerce et des finances. Le budget qui ne peut suffire avec 3 milliards 200 millions sera équilibré avec 2 milliards 500 millions et très prochainement avec 2 milliards, si l'on supprime ce ministère des Travaux publics, l'école et l'administration des Ponts et Chaussées si nuisibles au Pays.

VIII. L'instruction doit être l'apanage de tous. Les écoles ouvertes à tous, dès qu'on remplit les conditions exigées. Telles sont l'École Polytechnique, inutile, Normale supérieure, de Pharmacie (Ponts et Chaussées supprimée), des Mines, Commerce, des Chartes, Arts et Manufactures, Médecine, Droit. etc., Écoles Militaires, Centrale, Arts et Métiers.

IX. Chaque Citoyen a le droit au travail ; on ne peut lui refuser celui de s'instruire, de se rendre plus utile à la nation. L'usage des instruments de travail, c'est-à-dire des voies, rivières, canaux au même titre à tous les Citoyens.

Assurer la jouissance paisible de la Liberté des biens de chaque citoyen.

En retour, voilà les obligations des Citoyens envers le Gouvernement.

X. 1° *Tous les Citoyens doivent soumission aux lois édictées par leurs mandataires.*

2° *Leur coopération à la défense de ces lois, à la Liberté de la Patrie contre tous ceux qui prétendraient y attenter, soit à l'intérieur soit à l'extérieur.*

3° *Leur coopération financière afin d'assurer les divers services des Ministères sus-indiqués,* hors celui des Travaux Publics qui n'est point conforme au régime Démocratique. Protester contre les subventions si grassement allouées aux Compagnies de Chemins de fer et à la Marine depuis plus de quarante ans!!! Cela sert à couvrir la mauvaise administration et payer les voyages gratuits des Polytechniciens, père, fils et autres!!!

4° *La plus grande soumission aux principes économiques indiqués plus loin.*

Le Citoyen qui ne remplit pas exactement ces quatre *points* est indigne d'une nation civilisée, à moins que son indigence ne soit reconnue. Auquel cas il ne peut participer à la nomination des législateurs fixant les dépenses de l'État et des villes.

Attendu que le susdit étant à la charge des autres Citoyens; il est impropre à disposer de fonds qu'il ne verse pas. Tout Citoyen pour voter, doit posséder au moins la quittance d'une cote personnelle.

Si un Gouvernement a des obligations à remplir vis-à-vis des Citoyens, ceux-là en ont envers le Gouvernement, dont ils doivent favoriser la marche.

XI. Du devoir des Ministres.

Le premier est de donner au Peuple la plus grande somme de Liberté, d'indépendance vis-à-vis des autres Peuples. Ce qui ne peut être obtenu que : lorsqu'on *n'a besoin d'aucun autre*, pour sa subsistance. Or : il résulte de ce principe que cette indépendance n'existe : qu'à la condition *que le sol produira* tout ce qui est nécessaire à la subsistance du Peuple. On entend, le sol, celui de la *Métropole* et des *Colonies*, c'est donc une obligation. sacrée pour le premier Magistrat et les Assemblées de développer l'agriculture, lui offrir les moyens économiques de transporter ses produits, ses engrais, que seule l'eau est en état de donner sans frais ni entretien. Encourager l'exportation du superflu de l'Agriculture, ménageant cette branche d'impôts trop onéreux, etc. Diminuer l'emploi des animaux de labour, qui seront remplacés par les machines, fournir l'eau utile à l'arrosage des champs.

Employer tous les moyens pour que le *Peuple n'ait recours à aucun autre pour les besoins de sa subsistance*, sinon sa liberté est diminuée.

Établir avec le plus grand soin, la statistique comparée des prix de transport. Des centres industriels à la mer; par exemple de Paris à la mer, de Londres à la mer, de Anvers à la mer, de Hambourg à la mer, de Paris à Dower, de Londres au Havre. Afin que s'il existe *un écart*, il soit en faveur du Pays. Attendu : qu'entre nations commerçant ensemble, le moindre écart *dans les prix de transport* suffit à *enrichir la nation favorisée* quand les *autres s'appauvrissent.* Il est donc urgent d'avoir sous les yeux ces statistiques comparées, puisqu'elles fournissent. 1° le prix de revient des matières premières importées en France; 2° celui de revient des exportations placées sur navire. Les comparer au prix auquel les matières premières arrivent à Londres, Hambourg, etc. Voir statistique comp. de la Méditerranée, de l'Amérique du Sud, de Panama.

Une réduction survient-elle de Hambourg, c'est le résultat d'un perfectionnement, soit des voies empruntées ou de l'outillage, ce qui ne doit pas rester ignoré, puisque l'*écart* serait en faveur de la nation Allemande. Notre appauvrissement serait constant et le commerce d'exportation impossible. Il ne suffit pas qu'un produit soit du même prix à Londres qu'à Paris. Il faut que transporté aux points de consommation ce prix soit identique, ce que l'outil de transport perfectionné peut procurer.

Cependant pour gouverner, on ne doit pas oublier que c'est la *consommation faite à l'intérieur qui procure les revenus à l'État.*

La *vente* du superflu *aux Étrangers* (l'exportation) qui *procure* les *richesses au Peuple.*

Il est évident, qu'un peuple pauvre consomme peu ; que les revenus de l'État seront restreints. Qu'au contraire ce Peuple enrichi par le commerce qu'il fait à l'étranger, consomme en raison de sa richesse, alors les *revenus* de l'État *augmentent proportionnellement.*

On doit donc apporter le plus grand soin au développement de la vente à l'étranger, c'est elle qui enrichit le peuple et l'État incidemment. Rien n'est plus facile : Paris étant plus près de la Méditerranée, de l'Océan que ne le sont Londres, Hambourg. Qu'il soit établi un émissaire maritime profond et court de Paris ou Argenteuil à la Mer. Les navires arrivant directement à Paris, le prix du fret y sera plus réduit que chez nos rivaux et l'écart dans les prix de transport en *faveur de Paris.*

Si on continue ce genre de voies maritimes en France, de Paris à Saint-Étienne par Gien, Roanne, jusqu'au Rhône et à la mer, que le canal de Paris soit relié à celui du Rhône par cette voie. Alors d'une mer à l'autre, nos navires pourront en traversant la France ; ne point passer sous le feu de Gibraltar. Dès qu'ils trouveront de la profondeur, ils enlèveront les produits fabriqués, déposeront toutes les matières premières à plus bas prix que ne le feront nos rivaux chez eux. Si toutefois ces établissements sont confiés à l'industrie privée qui visera aux produits et aux développements futurs, sans charger le budget de l'État qui doit se désintéresser financièrement de ces travaux, tant qu'il trouve à les concéder. Son rôle est de veiller au bon établissement défensif, agricole et commercial, des tarifs maximum de perception. Là doit être bornée son intervention. C'est encore ainsi que l'État doit agir pour les ports, rivières à endiguer, approfondir, afin d'alléger un budget beaucoup trop lourd pour la nation.

C'est un budget restreint qui est la meilleure preuve d'un bon Gouvernement. moins il y a de fonctionnaires. meilleur est son organisation.

L'Angleterre dont la population est la même que celle de la France, équilibre ses dépenses avec un budget des recettes de 2 milliards 502 millions. La France avec deux budgets formant ensemble 3 milliards 500 millions n'y peut parvenir.

L'Angleterre a les prix de transport les plus réduits et la France a *les plus élevés.*

L'Angleterre n'a pas deux pouvoirs souverains. comme cela existe en France depuis quarante ans que les Ponts et Chaussées sont souverains autocrates pour tous les travaux publics, à l'exclusion des autres ingénieurs. Cela occasionne un trouble constant dans l'économie générale du Pays.

Quand les assemblées veulent marcher en avant; les ponts et chaussées arrêtent s'ils ne reculent, comme un char attelé devant et derrière; l'État reste stationnaire quand les autres nations avancent. Toutes sont munies de canaux maritimes intérieurs, seuls nous attendons le premier en France. malgré les colossales dépenses de ces ponts et chaussées.

Avec moitié moins, l'Allemagne depuis 1871 s'est

pourvue de voies maritimes intérieures traversant de la mer du Nord au Danube, là aussi n'existe qu'un pouvoir.

C'est une grave erreur des gouvernants de déléguer à d'autres un pouvoir supérieur. Alors de Démocratique le Gouvernement est autocratique attendu : que tout pouvoir échappant au Peuple qui ne délègue sa souveraineté que pour un temps limité, *n'est pas Démocratique.*

Aucune Assemblée ne peut partager la souveraineté qu'elle tient du Peuple, sans que celui-ci soit consulté, qu'il y ait consenti. Cette administration qui forme un ministère dit des travaux publics, a une situation illégale qui aurait dû disparaître en 1871 avec les lois qui l'ont introduite pour le malheur du Pays. Sans elle, aucune crise n'existerait ; la France comme les nations voisines, aurait des finances et un commerce d'exportation florissants.

XII. L'art de gouverner comprend : l'observation des lois économiques. S'il en existe ; c'est bien celle prescrivant l'ordre, l'économie dans les finances. N'établir que des travaux productifs. Ne point engager les finances de l'État, afin de réduire constamment les impôts.

Point de superfétations d'emploi.

Que toutes les Administrations, les Magistrats et les Citoyens soient soumis à un seul Pouvoir. Les Chambres représentants la Nation.

Puis, l'Admistration générale qui comprend les Ministères.

L'établissement du budget des recettes qui doit être établi en laissant un solde en sa faveur, reporté à son avoir en tête de celui de l'année suivante.

Les Ministres doivent être responsables effectivement, principalement celui des finances.

Chaque ministère doit établir son budget des dépenses conformément aux ressources du budget des recettes et d'après l'avis, soit du Ministre ou d'une commission des finances.

Aucune autre dépense, sauf le cas de force majeure ne doit être faite par les Ministres que celles prévues au budget.

Les ressources extraordinaires, doivent être capitalisées pour former la caisse de guerre.

Les fonds en seront confiés à une ou plusieurs banques qui ne pourront les aliéner que pour un temps très limité.

L'État ne doit entreprendre ni travaux, ni commerce.

S'il doit au Peuple *les voies économiques et commodes pour le transport des marchandises*, elles doivent être données par adjudication à un ou plusieurs entrepreneurs, ou concédées si ce sont des émissaires qui s'y prêtent.

Concéder les ports de Commerce, les fleuves et rivières navigables, les canaux, afin de diminuer les dépenses, et réduire le nombre des fonctionnaires.

Point d'école fermée.

Développer dans toutes les classes, l'enseignement

de l'économie commerciale générale, agricole, etc.

Des statistiques comparées avec celles de l'Étranger, de l'économie politique, financière, domestique, de la topographie géographique, de l'exportation.

Dans un état Démocratique, nul n'est exclu des grandeurs par état. D'où vient que seuls les Ingénieurs des Ponts et Chaussées (à l'exclusion des Ingénieurs civils) ont l'injuste et immense pouvoir de diriger l'économie de la France, dont l'état du commerce et financier démontre leur colossale incompétence. D'étudier et mettre à l'enquête les projets qui n'émanent pas d'eux; en sorte qu'ils sont ainsi juges et parties puisqu'ils font des projets et des travaux, quoique la législation reconnaisse que nul ne peut être juge et partie. Aussi avons-nous l'honneur d'appeler l'attention des législateurs sur une inconséquence aussi injuste, dont les effets se font malheureusement sentir si péniblement.

XIV. Depuis 1871, il a été fait 14.000 kilomètres de Chemins de fer improductifs sans que les prix de transport à l'intérieur aient été réduits. Ces lignes ont coûté..................................... 7 milliards dont l'intérêt par an est de.......... 350 millions.

Alors, les grandes Compagnies payaient sur les excédants de recettes............................... 38 —

Par suite de la convention, l'État est obligé de rapporter pour sa garantie d'intérêts................. 185 —

Ce grand Ministère et les Ponts
et Chaussées dépensent l'an......   600 millions..
    Le commerce d'exportation, faute
d'une voie maritime de Paris à
la mer perd, l'an................   1.250   —
    Conséquences d'une administra-
tion des Ponts et Chaussées. Total
perdu par an....................   2.423   —
    Marine, Subvention!!!..........   30   —

Que deux heures d'une séance des Chambres
réduiraient à 520 millions pour tomber à 350 millions en 1891.

La disparition d'une telle administration serait
suivie de la régénération générale. L'établissement
d'émissaires maritimes intérieurs, transformerait
tellement l'économie en faveur du Pays, que c'est
par la différence d'un bénéfice annuel de trois milliards que la Métropole fêterait le départ de cette
autocratie somptuaire.

Nos possessions auraient la même somme à leur
avoir, qui est actuellement versée : 1 milliard 938 millions aux Allemands pour déchets d'animaux et animaux vivants introduits par nos frontières de l'Est : à
l'Italie et à l'Espagne, 900 millions de vins. Tous
produits dont nos possessions abondent et que
l'élévation excessive des prix de transport empêche
d'introduire. Remarquez que ces milliards servent
aux étrangers à acheter la poudre et le plomb qui
nous sont destinés, que notre richesse est diminuée ;
quand nos possessions seraient si heureuses avec de-

pareilles sommes qui nous reviendraient sous formes diverses. C'est ainsi que les Ponts et Chaussées nous gouvernent, laissant aux Chambres la responsabilité vis-à-vis des électeurs d'une administration aussi défectueuse et refusant d'adopter les projets soumis et présentés aux Chambres. Quoiqu'ils n'aient qu'un droit d'étude, ils osent juger ! Ce qui leur sera vigoureusement contesté, fera naître une discussion où il y aura quelque jour jeté sur ces agents d'un autre âge et bons à placer aux musées de Cluny et du Trocadéro.

Ce n'est ni un jugement ni une critique que j'établis c'est une constatation, ou de l'histoire.

Le titre même de cet ouvrage m'oblige à produire des exemples. Je les prends où ils sont, pour servir au bien de mon pays, étant l'ennemi de tout ce qui en empêche la prospérité.

XIII. Le baron Ch. Dupin Membre de l'Institut, visitant l'Ecosse, put constater que la rivière la Clyde dont le peu de profondeur ne permettait qu'à de petits navires de monter à Glascow quelques années auparavent. Par des chaussées rétrécissant le lit du fleuve, et quelques draguages, la profondeur fut bientôt suffisante aux plus grands navires. Aussitôt l'Ingénieur civil Watt y établit des usines pour la construction de ses belles machines à vapeur, des chantiers de construction d'où sont sortis les plus beaux et les plus nombreux navires en bois, en fer soit pour le commerce, soit pour la guerre. C'est sur cette rivière qu'est située l'usine du célèbre sir Robert Napier l'habile constructeur. Plus de la moitié des navires à vapeur des trois royaumes ont été exécutés sur les bords de la Clyde. La richesse de Glascow est devenue considérable. Les améliorations de la navigation furent confiées à une Société qui en est concessionnaire, de sorte que : seuls ceux qui se servent de la rivière participent au paiement des dépenses que celle-ci occasionna à la ville de Glascow, l'Etat n'a pas d'intérêts engagés dans ces travaux.

C'est la vue d'aussi grands résultats qui fit dire à M. Ch. Dupin qu'il voudrait que *Paris imital Glascow*. Il dirigea les études d'un grand canal maritime, parallèle à la Seine et partant de la capitale. La révolution de 1830, l'introduction des chemins de fer en France firent sacrifier ce beau projet dont les Ingénieurs des Ponts et Chaussées ne comprirent pas l'importance économique. Attendu qu'un émissaire maritime partant de Paris, eut fourni à l'exportation les prix de transport les plus réduits. Les frais d'exploitation des voies hydrauliques étant à peu près nuls, la tonne y est transportée avantageusement à raison de un centime pour deux kilomètres, ce que les chemins de fer font payer quinze fois plus avec les frais de gare, chargement et déchargement. La richesse d'une nation, repose sur *ses prix réduits* de transport à l'exportation.

Cela est tellement vrai qu'une nation dont le sol fertile laisse un grand superflu à exporter, doit chercher les peuples ayant besoin de ces produits.

Supposant que ce soit Tunis, Alger, qui aient besoin de sucres, d'alcools, bougies, etc., que de Paris à Alger le prix de transport, par tonne soit de 100 fr., de Londres 20 fr., de Hambourg 24 fr.

On achètera le sucre, l'alcool, etc. Anglais et Allemand pour 76 fr. et 80 fr. meilleur marché que celui de Paris. On voit par cet exemple, l'importance des voies hydrauliques, d'autant que les chiffres ci-dessus sont vraiment les prix actuels.

Il convient d'ajouter ici une conséquence fâcheuse, c'est que l'argent de nos colons va aux étrangers, et ceux-ci seront appauvris de tout le prix qu'auront coûté les sucres et les alcools, etc., Nos agriculteurs seront appauvris de toute la somme produite par ces marchandises, rien ne peut-être comparable au bon marché des prix de transport.

La population a triplé à Glascow en 40 ans, elle en fera de même à Paris si on établit un émissaire maritime, répondant aux besoins de l'Agriculture et du Commerce.

Certes nos Ingénieurs de Ponts et Chaussés sont les moins hydrauliciens du monde. Ils ne s'assimilent point les progrès des autres nations, ne voyagent pas et pour ces raisons, dépensent 2, 3 4 fois plus que les Ingénieurs civils.

Aussi sont ils incapables de faire exécuter des travaux pour des sociétés industrielles quicomptent.

Pour l'Etat c'est différent. Ce sont eux ! Ils contrôlent inspectent, mandatent, reçoivent et se bénissent.

Le travail qui vaut 500.000 francs coûte 3.000.000,

c'est l'Etat qui paie, cela suffit.

Pour ces émissaires maritimes il faut de l'économie pour que la perception par tonne soit légère, que l'on puisse établir des voies maritimes dans toute la France.

Si l'Angleterre a mis vingt-cinq ans à faire son Canal Calédonien, je prétends qu'en dix années, la France peut être pourvue suffisamment d'émissaires maritimes pour obtenir les prix les plus bas pour le transport intérieur et extérieur; à la condition de réformer la loi qui favorise le ministère des Travaux publics des plus importantes fontions gouvernementales. Celles de *procurer au Peuple les voies les plus commodes et économiques pour transporter ses produits et denrées (ce qu'il est incapable de faire).*

C'est attenter à la liberté des Citoyens que de les priver de vendre leurs produits et denrées là ou ils y trouvent avantage. Comme il est contraire aux bonnes finances de l'Etat, d'avoir des possessions outre-mer avec des prix de transport trop élevés qui empêchent de commercer avec celles-là. Il est superflu de démontrer que toutes les crises sont la conséquence de l'écart dans les prix de transport. Que l'étude des principes d'économie n'existant pas dans l'enseignement; il n'est pas surprenant que les gouvernants les ignorent; la plupart des énormes fautes si grossières commises contre les intérêts de la Nation, n'ont pas d'autre cause.

Nul Français ne doit ignorer ces admirables principes sans lesquels on travaille contre son pays, sans en avoir la moindre intention.

XIV. L'empire Chinois appelé le pays des fleurs et des merveilles, la nature à fait son climat moins hospitalier que le notre, ne l'a pas placé sur les mers comme l'est la France, le génie moins développé n'a pas procuré à ces 500 millions d'orientaux, les mines, l'industrie que nous possédons abondamment. Cependant cet empire colosse, par ses voies hydrauliques si bien construites obtient les prix de transport les plus réduits du globe. La science économiques y a développé les sources de production avec un art infini. De telle sorte qu'on n'a plus eu besoin de chevaux pour les transports. Les rivières, les canaux, rendus navigables, permettent d'employer à la production de la canne à sucre, du riz, d'immenses terrains occupés jadis par des prairies et des grains spéciaux à la nourriture des chevaux.

Ceci est une preuve de l'art avec lequel l'économie est professée dans cet immense Empire, ou la terre ne produit pas moins de deux récoltes l'an.

Pour atteindre ce but, un grand Empereur n'a pas craint de recueillir et faire cultiver dans ses jardins du riz précoce. D'une couleur plus rose ; la farine en est délicate. Afin que l'emploi s'en généralisat l'Empereur ne voulut pas qu'on lui en servit d'autre. Il se nomme riz Impérial.

C'est ainsi que la Chine est protégée des famines fréquentes.

XV. Dans notre beau Pays ne peut-on arroser, des

terres qui seraient fertiles et produiraient deux
récoltes l'an, soit au moyen de canaux qui doivent
toujours être navigables et servir au transport des
denrées, soit de conduites d'arrosage. Nos montagnes
fournissent l'eau en abondance, elle ne sert à rien.
Au sommet du Mon Pilat dans la Loire à 1.460 mètres
au dessus du niveau de la Mer existe une source
abondante qui n'est pas utilisée, il y en a par centaines dans les montagnes. Le Rhône qui descend
de Genève peut fournir de quoi arroser une centaine
de lieues. La Loire est encore à 350 mètres au dessus
du niveau de la Mer à Saint-Just, près Saint-Étienne.

Toutes ces eaux conduites dans des canaux pro-
fonds de quatre mètres serviraient au transport et
paieraient plus que ceux-là n'auraient coûté. Les terres, fertilisées, donneraient d'abondantes récoltes qui
multiplieraient les denrées à exporter. La marine et
l'industrie auraient là, la matière nécessaire sans
recourir aux autres peuples. C'est ainsi que le bonheur entoure les Citoyens d'une République, que
ceux-là, n'écoutant plus ces prédicants de fausses
écoles, funestes aux intérêts du Peuple, à la grandeur
de la Patrie, souvent soudoyés par des ennemis du
Peuple ; ces prêcheurs ne cherchent que le trouble ;
attendu que ceux là, n'ont espoir de gouverner, que
aidés par l'émeute. C'est un Roi, un Empereur qui
promet toute liberté, des finances et des emplois.
Aidés par des ambitieux, ils s'en servent pour critiquer, sans jamais apporter une meilleure méthode
que celle qu'ils combattent. Avec des journaux

à leur solde, manifestant les critiques les plus véhé-
mentes contre toutes les réformes pouvant procurer
au peuple du travail, plus de liberté, au gouvernement une confiance quelconque.

Cela ne se produirait pas si l'enseignement des
principes d'économie étaient répandus parmi les
citoyens. Ils seront donnés en tête de la deuxième
partie de cet ouvrage. En Angleterre, la connais-
sance de ces principes est obligatoire pour tous ceux
qui se destinent au commerce, à la politique et au
service colonial; aussi le peuple y est moins facilement dupé.

On doit organiser cet enseignement en France. Si
ses colonies doivent vivre; c'est à l'aide de la bonne
application de ces principes par tous les Citoyens et
particulièrement par les gouvernants. Ils assurent la
prospérité de la nation, sa richesse et celle du
Peuple. La puissance matérielle et morale dépend
de la manière dont une nation est gouvernée.

Que peuvent les efforts d'intelligence d'un
Peuple, lorsque ses prix de transport à l'exportation
sont plus élevés que ceux de ses rivaux? Il ne lui
reste qu'à appeler beaucoup d'étrangers afin qu'ils
consomment les denrées. On doit alors ouvrir des
manufactures ou ces étrangers gagneront de quoi
subvenir à leurs dépenses. Les usines devront produire à meilleur marché que celles de nos rivaux si on
veut vendre à l'exportation, cela peut-être obtenu si
l'existence est à bon marché.

Alors à qui vendra-t-on les produits fabriqués par

ces ouvriers étrangers si les prix de transports de l'intérieur à la mer sont plus élevés que ceux de nos rivaux qui possèdent les mêmes articles ?

Rien n'échappe aux prix de transport, d'ailleurs les canaux comme celui d'Argenteuil à la Mer, seront-ils les chemins conduisant à nos possessions.

Que l'on s'imagine une guerre avec une nation européenne, comment pourvoir à la défense des possessions et colonies, au ravitaillement par mer sans canaux maritimes.

A la fin de la deuxième partie de cet ouvrage, nous démontrerons l'influence d'un pareil émissaire sur le développement immédiat de la marine.

XVI. Du Ministère de l'Instruction publique et des Cultes.

Il faut pour se charger d'administrer un tel ministère avec sagesse et patriotisme, une abnégation de sa popularité jusqu'à celle de son avenir.

Ce n'est par la première partie qui donne à ce Ministère le plus de soucis ; mais la deuxième, c'est-à-dire les cultes.

En effet les cultes divers étant indifférents à une nation Démocratique dont l'instruction, même Philosophique doit être répandue jusque chez la femme. C'est avec effroi que les professeurs des cultes reposant sur des Fables, apperçoivent que bientôt les brebis seront plus savantes que le berger qui sera contraint d'enseigner le *vrai*, le seul culte auquel le Peuple restera fidèle. Celui des *Ancêtres et de la Patrie*. Le respect des Lois, des vieillards et des infirmes, protection aux veuves, aux orphelins, à l'enfance abandonnée, honorer l'agriculture, bienfaitrice de la Nation, la frugalité, toutes les vertus qui servent au plus grand développement de la Nation. Se défier de l'enseignement demandant de croire ou d'être soumis à un prince étranger à quelque titre que ce soit. C'est perdre sa qualité de citoyen, dès qu'on obéit à un prince étranger dont les intérêts sont toujours contraire à ceux de votre Pays. Cherchant votre argent ou votre concours orale pour connaitre ce qui l'intéresse et vous recommander de résister même aux Lois, au Gouvernement du Pays. N'ayant aucun souci du bien et du bonheur de la Nation, ambitionnant jusqu'au Gouvernement.

Si on ajoute à ce tableau, une rivalité jalouse entre plusieurs cultes ; l'un prétendant dominer les autres, y employant les plus insidieux, moyens, de nombreuses congrégations d'hommes, de femmes obéissant à un mot d'ordre supérieur, provenant de l'étranger, combattant jusqu'aux institutions du Peuple. Possédant des fortunes colossales et malgré cela ne cessant de mendier sous toutes les formes, afin de toujours grossir cette fortune qui sert à faire fléchir ou monter des fonds à propos de la politique à laquelle ces congrégations sont liées.

C'est une faible partie des préoccupations de ce Ministère, auxqu'elles il faut ajouter, le mouvement des professeurs salariés des divers cultes ou le choix Ministériel tombe toujours à côté d'un patriote. Il en sera toujours ainsi tant que leur chef sera étranger.

Ce qui incombe à un Ministre des cultes, 'est le côté morale de l'enseignement, le développement intellectuel du Peuple. Or, peut-on croire qu'en enseignant des Fables tellement fortes, que ceux qui les enseignent recommandent surtout de ne les point pénétrer ce qui veut dire ne pas les comprendre. Comme cela ouvre l'intelligence. Rien n'abrutit plus que d'obliger le cerveau de comprimer ce qu'il doit savoir, sans lui permettre le moindre effort à trouver la solution, le Pourquoi !

Ce n'est pas ainsi que les progrès humains seront obtenus. Les Espagnols et les Portugais qui possédaient ce genre d'instruction au plus haut degré devinrent maîtres de nouveaux continents d'une étendue et d'une richesse suffisantes à 300 millions d'habitants, ceux-là n'adorant pas de la même façon. Les barbares envahisseurs égorgèrent tous les peuples arborigènes, détruisirent les villes. Ils furent expulsés après 300 ans d'opression homicide. Voilà le fruit d'un enseignement ne reposant pas sur la vertu, l'amour de la Patrie et l'économie générale. Laissant un soldat libre de détruire au lieu de conserver et d'améliorer, afin d'enseigner au peuple conquis une meilleure administration et une civilisation paternelle, douce et juste.

Entre religion, c'est absolument comme entre boutiquiers voisins et concurrents, il faut que l'un fonde l'autre.

Ce n'est pas le moindre travail d'un ministre de tenir la balance égale. La Saint-Barthélemy n'est pas si éloignée de nous pour qu'on ne se représente pas l'importance d'un Ministre patriote et ferme à ce poste. Le rapport de l'édit de Nantes.

La guerre de la Vendée, bien d'autres encore qui eurent pour cause toute autre chose que l'intérêt de la France; ne doivent laisser aucun doute dans l'esprit du Peuple sur l'utilité de réformes radicales dans l'enseignement des cultes dont le chef supérieur doit toujours résider en France. Interdir l'accès du pays à tous ceux qui tenteront d'enseigner dans la métropole et ses colonies, quelque religion que ce soit dont le chef supérieur n'habitera pas la France et ne sera pas Français.

Quel est l'intérêt de la Nation, que des professeurs Anglais, Allemands, Russes, Turcs, enseignent leurs maximes en France? C'est pour convertir les Français! C'est ce qu'il convient d'éviter; si l'État crée une forme d'éducation nationale et économique, il doit la protéger et nul ne désirera en sortir. Les livres n'enseigneront-ils pas la morale des cultes divers. Ils suffiront mieux que les clameurs des prédicants dont ceux qui seront disponibles seront peut-être de bons citoyens. Pères de familles utiles à leur Nation au lieu d'être les commis voyageurs d'un étranger, une charge, un embarras à son pays. L'un qui pardonne un délit, un crime, que seuls les tribunaux doivent connaitre. Un autre enseigne que plus on égorge de chrétiens, plus on aura de jouissance là haut. Il importe, dans l'intérêt de la Nation, que l'enseignement religieux ne contienne aucune doctrine contraire aux lois et aux mœurs; qu'il développe toutes les vertus des patriotes au profit de la Patrie.

XVII. Du Socialisme. Il conviendrait de donner au peuple quelque aperçu de l'histoire de la Chine, notamment de l'époque ou ce vaste pays vécut en socialisme.

L'exemple de Gênes au xvi° siècle qui partagea les biens des riches et, après avoir nommé un des leurs exerçant le métier de tisserand à la 1ʳᵉ magistrature. Il se trouva que deux ans après ce partage ; les mêmes citoyens qui possédaient la fortune deux ans auparavant étaient redevenus riches. On accusa ce tisserand de pactiser avec les ennemis des ouvriers, des pauvres, car ils l'étaient redevenus. Il fut pendu et tout rentra dans l'ordre. La morale, c'est que pour s'enrichir il n'y a qu'un moyen, (l'économie). On ne saurait être riche sans elle. Aux premiers, elle était familière ; les deuxièmes, l'ignoraient. Aussi la fortune reviendra toujours à ceux qui possèdent cette science, l'économie.

La Chine vécut pendant plus d'un siècle dans le socialisme le plus complet. L'État possédait d'immenses magasins contenant tous les produits en général. Il les distribuait parcimonieusement à chacun en échange de travail, de cette façon nul ne pouvait s'enrichir, l'or et l'argent n'avaient aucune utilité. La misère générale fut bientôt à son comble, on chassa les socialistes hors des murailles où ils formèrent des bandes nomades qui subsitent encore depuis cent siècles formant autant de tribus qu'il y a d'États soit 25. Le bonheur, l'aisance ne revinrent qu'avec les beaux préceptes d'économie du célèbre Confuctius, qui seront toujours le plus sûr guide de cette grande Nation.

XVIII. De l'instruction et de l'éducation dans un état démocratique.

L'instruction est libre, c'est-à-dire que tous les citoyens peuvent s'instruire dans toutes les branches enseignées dans la République, où il ne peut exister aucune école fermée sans porter atteinte à la liberté, à l'égalité.

Toute école fermée, est suspecte à la démocratie qui veut connaitre les méthodes employées à développer les moyens d'être utile à la Patrie.

On y arrive réellement que par la diffusion de l'instruction, basée sur les grands principes d'économie, évitant avec soin de protéger une religion idéale quelconque.

Le seul culte de la Patrie est le but que doit avoir l'instruction.

Celui des vieillards et des ancêtres.

L'amour de l'enfance.

De l'ordre et de la frugalité.

Fuir l'avarice, l'exploitation de ses semblables.

Avoir sans cesse le désir du bien, et des bonnes mœurs, le développement des productions du sol national, de son commerce, de celui des colonies.

N'aimer, ne préférer rien plus que ses produits. Mesurer ses besoins afin que les denrées du pays soient toujours suffisantes au peuple. C'est ainsi que notre liberté ne sera pas à la merci des autres peuples.

Avec un grand commerce colonial il n'existera jamais aucune disette, si on a le soin de cultiver toute la terre dans nos colonies et la métropole, y introduire les plantations produisant les choses nécessaires à l'existence et aux industries qu'une zone torride empêche de cultiver par les labours.

Tels sont les caféiers, le cotonnier, la canne à sucre, l'arbre à suif de la Chine, celui à cire végétale, celui à pain de Taïti. Des rizières partout ou les montagnes fournissent l'eau.

L'olivier, la vigne, les meilleurs arbres à fruits, le murier.

L'éducation est enseignée par les pères et mères. Ceux-là doivent professer le culte de la Patrie, de l'ordre, des principes d'économie, de la frugalité proportionnée à leur fortune, fuyant l'avarice. Donnant toujours leur concours à tout ce qui peut intéresser la grandeur de la Nation. La faire aimer comme une mère commune, à laquelle nous devons une soumission complète. Pleins de déférence pour les plus âgés et d'amour pour l'enfance.

Éviter de vivre au dépend de la Nation à laquelle chacun doit prêter son concours, et non pas lui être à charge, que dans le cas de force majeure, comme incapacité de travail.

XIX. Dans un gouvernement démocratique.

Les impôts y doivent être moindres que dans les gouvernements monarchiques.

C'est dans ce but que l'on doit diriger l'administration et les lois qui ne doivent favoriser aucune classe de citoyens.

Les dettes contractées par un gouvernement républicain sont la suite d'une mauvaise administration.

Elle oppresse ainsi le peuple.

L'agriculture doit être allégée d'impôts, afin que l'existence soit facile et le peuple heureux.

Il est donc urgent de supprimer le ministère le plus dépensier, *celui des travaux publics*, dont rien ne justifie son maintien, attendu que l'on ne construit pas si on est pauvre.

D'ailleurs on bâtit bien sans eux et mieux qu'eux comme cela fut démontré par l'exemple de Thomas Telfort en Angleterre.

Cet homme habile, de simple maçon qu'il était, ayant montré de grandes capacités dans les travaux dont il fut chargé. Se distingua dans l'émission du canal de Bridgwater, le plus beau travail des temps modernes.

Il construisit 1.117 Ponts dont l'un sur le Menay ayant une arche principale de 165 mètres d'ouverture sous laquelle passent les navires avec la plus haute mature. Il y employa le premier le fer et la pierre. Approfondit les rivières, bâtit des docks, le grand canal calédonien, 1.500 kilomètres de routes, etc. etc. sans qu'il en coûte rien à l'État. L'Angleterre put, grace aux travaux de ce grand homme, loger dans les terres ses 40.000 navires. Celui-là n'était pas polytechnicien car ses ponts et autres travaux sont toujours debout et il améliora son pays en lui procurant les transports à bon marché.

Il mourut laissant sa modeste fortune à son pays pour être employée au développement de l'instruction. C'est un semblable patriote que l'on doit souhaiter à notre chère Patrie.

C'est ainsi que l'aisance, la richesse reviendront, l'activité commerciale et agricole ramèneront le numéraire que les ignorants polytechniciens ont laissé partir.

La marine multipliée ouvrira partout de nouveaux marchés à nos produits et nulle concurrence ne sera plus à craindre.

Avec la richesse, une nation craint peu la guerre. Cette dernière est toujours funeste à une nation pauvre.

Le *Ministère de la guerre*, ne doit avoir qu'un budget très réduit, afin d'éviter le désir de mettre en œuvre les engins destructeurs qu'il possède. Une Nation comme la France peut si bien couvrir ses frontières qu'elle n'a pour ainsi dire aucun besoin de forteresses, ni d'armée permanente.

On doit laisser aux nations autocratiques un outillage qui ruine leurs finances, oppresse leurs peuples et ne point les imiter.

Je ne puis davantage m'étendre sur ce sujet sans compromettre ma Patrie.

XX. Les milliards dépensés par la guerre sont absolument perdus presqu'autant que ceux employés à des chemins de fer inutiles et plus coûteux qu'ils ne produisent. Le peuple est écrasé d'impôts inutiles. C'est donc avec la plus grande parcimonie que l'on doit doter ce ministère ayant à sa tête un *polytech-nicien.* Que l'on se souvienne de 1870 suivant Lebœuf, les magasins étaient bondés, il n'y manquait pas même un bouton de guêtres!!!

XXI. Du Ministère du commerce.

Ce ministère doit diriger le service général des voies de transport canaux, rivières navigables et chemins de fer, les enquêtes, projets études des travaux de ces services. Les ports de commerce, les statistiques commerciales et tout ce qui concerne le commerce intérieur et extérieur.

Son budget ne doit point comprendre de travaux à faire par l'État. L'industrie privée doit seule construire d'après les projets émis et suivant les conditions offertes en adjudication, sans aléa : sous la responsabilité des auteurs des projets. Les tarifs de transport, concessions de voies nouvelles, sans intervention des finances de l'État et sans privilèges dépassant 99 années.

Les traités de commerce, etc.

XXII. Ministère de l'agriculture.

C'est le plus important ministère dans un pays comme la France où toutes les terres sont propres à la production des grains, des prés, bois, arbres à fruits et à l'élevage comme à l'engraissement du bétail. On peut dire que de la bonne administration de ce Ministère dépend l'abondance et le bon marché de l'existence.

Il faut allouer au budget de l'agriculture de fortes sommes annuellement, en sorte que d'après des projets faits dans chacun des départements et chacune des colonies ; on tire des eaux le meilleur parti possible pour arroser toutes les terres susceptibles de l'être et de produire le plus possible.

Exiger la multiplication des arbres à produits farineux, ceux à fruits à raison de tant par hectare. Non seulement les arbres produisent sans culture, le bois augmentant de volume chaque année enrichit son propriétaire qui récolte encore des fruits.

Dans les colonies et le midi, les arbres produisent plus que l'agriculture. Cela changera bien si les terres sont arrosées, alors on fera deux et trois récoltes l'an. Nous croyons inutile de pousser plus loin ces démonstrations, attendu qu'en dotant ce ministère de quatre-vingt à cent millions l'an à raison de un million par département, on arriverait en dix années à décupler la production en France. Comme les sommes que l'on tire de la vente des produits du sol sont tout bénéfice. L'exportation que l'on fera de ces objets, introduira de nouvelles richesses toujours renaissantes puisqu'on a sans cesse besoin de farines, pâtes, etc., que nous payons un milliard l'an aux étrangers.

L'existence du peuple, plus facile est un bienfait que l'on doit envisager continuellement dans une république.

C'est par la bonne administration de ce ministère que le peuple jouira de la plus grande somme de liberté, conformément à ce principe « *qu'un peuple ne jouit de la plus grande somme de liberté que lorsqu'il n'a besoin d'aucun autre peuple pour subvenir à son existence.* »

Cela est si vrai, qu'il suffirait que les Nations nous fournissant le grain nécessaire à notre existence refusent la fourniture de ce grain, pour obtenir de la République les plus grands sacrifices.

Aussi le législateur et tous mes chers concitoyens doivent-ils considérer avec attention les commentaires précédents et les principes d'économie qui sont et forment la seconde partie de cet ouvrage. C'est cela qui en a déterminé le titre *l'Art de Gouverner.*

Maximes du gouvernement économique.

I. *Les travaux d'industrie ne multiplient pas les richesses.* Les travaux de l'agriculture dédommagent des frais, paient la main-d'œuvre de la culture, procurent des gains aux laboureurs, et de plus ils produisent les revenus des biens-fonds. Ceux qui achètent les ouvrages d'industrie, paient les frais, la main-d'œuvre et le gain des marchands; mais ces ouvrages ne produisent aucun revenu au-delà.

Ainsi toutes les dépenses d'ouvrages d'industrie ne se tirent que du revenu des biens-fonds; car les travaux qui ne produisent point de revenus ne peuvent exister que par les richesses de ceux qui les paient.

Comparez le gain des ouvriers qui fabriquent les ouvrages d'industrie à celui des ouvriers que le laboureur emploie à la culture de la terre, vous trouverez que le gain de part et d'autre se borne à la subsistance de ces ouvriers; que ce gain n'est pas une augmentation de richesses; et que la valeur des ouvrages d'industrie est proportionnée à la valeur même de la subsistance que les ouvriers et les marchands consomment. Ainsi l'artisan détruit autant en subsistance qu'il produit par son travail.

Il n'y a donc pas multiplication de richesses dans la production des ouvrages d'industrie, puisque la valeur de ces ouvrages n'augmente que du prix de la subsistance que les ouvriers consomment. Les grosses fortunes de marchands ne doivent point être vues autrement; elles sont les effets de grandes entreprises de commerce, qui réunissent ensemble des gains semblables à ceux des petits marchands; de même que les entreprises de grands travaux forment de grandes fortunes par les petits profits que l'on retire du travail d'un grand nombre d'ouvriers. Tous ces entrepreneurs ne font des fortunes que parce que d'autres font des dépenses. Ainsi il n'y a pas d'accroissement de richesses.

C'est la source de la subsistance des hommes, qui est le principes des richesses. C'est l'industrie qui les prépare pour l'usage des hommes. Les propriétaires, pour en jouir, paient les travaux d'industrie; et par là leurs revenus deviennent communs à tous les hommes.

Les hommes multiplient leur travail à proportion des revenus des bien-fonds. Les uns font naître ces richesses par la culture ; les autres les préparent par la jouissance ; ceux qui en jouissent paient les uns et les autres.

Il faut donc des bien-fonds, des hommes et des richesses pour avoir des richesses et des hommes. Ainsi un état qui ne serait peuplé que de marchands et d'artisans, ne pourrait substituer que par les reve_nus des bien-fonds étrangers.

II. *Les travaux d'industrie contribuent à la population et à l'accroissement des richesses.* Si une nation gagne avec l'étranger par la main-d'œuvre un million sur les marchandises fabriquées chez elle, et si elle vend aussi à l'étranger pour un million de denrées de son cru, l'un et l'autre de ces produits font également pour elle un surcroit de richesses, et lui sont également avantageux, pourvu qu'elle ait plus d'hommes que le revenu du sol du pays n'en peut entretenir ; car alors une partie de ces hommes ne peuvent substituer que par des marchandises de main-d'œuvre qu'elle vend à l'étranger.

Dans ce cas une nation tire du sol et des hommes tout le produit qu'elle en peut tirer : mais elle gagne beaucoup plus sur la vente d'un million de marchan-dises de son cru, que sur la vente d'un million de marchandises de main-d'œuvre, parcequ'elle ne gagne sur celles-ci que le prix du travail de l'artisan, et qu'elle gagne sur les autres le prix du travail de la culture et le prix des matières produites par le sol. Ainsi dans l'égalité des sommes tirées de la vente de ces différentes marchandises, le commerce du cru est toujours par proportion beaucoup plus avantageux.

III. *Les travaux d'industrie qui occupent les hommes au préjudice de la culture des biens-fonds, nuisent à la population et à l'accroissement des richesses.* Si une nation qui vend à l'étranger pour un million de marchandises de main-d'œuvre, et pour un million de marchandises de son cru, n'a pas assez d'hommes occupés à faire valoir les biens-fonds elle perd beaucoup sur l'emploi des hommes attachés à la fabrication des marchandises de main-d'œuvre qu'elle vend à l'étranger ; parce que les hommes ne peuvent alors se livrer à ce travail, qu'au préjudice du revenu du sol, et que le produit du travail des hommes qui cultivent la terre, peut être le double et le triple de celui de la fabrication des marchandises de main-d'œuvre.

IV. *Les richesses des cultivateurs font naître les richesses de la culture.* Le produit du travail de la culture peut être nul ou presque nul pour l'état, quand le cultivateur ne peut pas faire les frais d'une bonne culture. Un homme pauvre qui ne tire de la terre par son travail que des denrées de peu de valeur, comme des pommes de terre, du blé noir, des châtaignes, etc., qui s'en nourrit, qui n'achète rien et ne vend rien, ne travaille que pour lui seul : il vit dans la misère ; lui, et la terre qu'il cultive, ne rapportent rien à l'état.

Tel est l'effet de l'indigence dans les provinces où il n'y a pas de laboureurs en état d'employer les paysans, et où ces paysans trop pauvres ne peuvent se procurer par eux-mêmes que de mauvais aliments et de mauvais vêtements.

Ainsi l'emploi des hommes à la culture peut être infructueux dans un Pays où ils n'ont pas les richesses nécessaires pour préparer la terre à porter de riches moissons. Mais les revenus des biens-fonds sont toujours assurés dans un État bien peuplé de riches laboureurs.

V. *Les travaux de l'industrie contribuent à l'augmentation des revenus des biens-fonds, et les revenus des biens-fonds soutiennent les travaux d'industrie.* Une nation qui, par la fertilité de son sol, et par la difficulté des transports, aurait annuellement une surabondance de denrées qu'elle ne pourrait vendre à ses voisins, et qui pourrait leur vendre des marchandises de main-d'œuvre faciles à transporter, aurait intérêt d'attirer chez elle beaucoup de fabricants et d'artisans qui consommeraient les denrées du pays, qui vendraient leurs ouvrages à l'étranger, et qui augmenteraient les richesses de la nation par leur gain et par leur consommation.

Mais alors cet arrangement n'est pas facile; parce que les fabricants et artisans ne se rassemblent dans un pays qu'à proportion des revenus actuels de la nation; c'est-à-dire à proportion qu'il y a des propriétaires ou des marchands qui peuvent acheter leurs ouvrages à-peu-près aussi cher qu'ils les vendraient ailleurs, et qui leur en procureraient le débit à mesure qu'ils les fabriqueraient; ce qui n'est guère possible chez une nation qui n'a pas elle-même le débit de ses denrées; et où la non-valeur de ces mêmes denrées ne produit pas actuellement assez de revenu pour établir des manufactures et des travaux de main-d'œuvre, ce qui a lieu, lorsque les prix de transport sont plus élevés que chez les voisins.

Un tel projet ne peut s'exécuter que fort lentement. Plusieurs nations qui l'ont tenté ont même éprouvé l'impossibilité d'y réussir. Il faut les transports faciles.

C'est le seul cas cependant où le gouvernement pourrait s'occuper utilement des progrès de l'industrie dans un Pays fertile avec les prix de transport réduits.

Car lorsque le commerce du cru est facile et libre, les travaux de main-d'œuvre sont toujours assurés infailliblement par les revenus des biens-fonds.

VI. *Une nation qui a un grand commerce de denrées de son cru, peut toujours entretenir, du moins pour elle, un grand commerce de marchandises de main-d'œuvre.* Car elle peut toujours payer à proportion des revenus de ses biens-fonds, les ouvriers qui fabriquent les ouvrages de main-d'œuvre dont elle a besoin.

Ainsi le commerce d'ouvrage d'industrie appartient aussi surement à cette nation, que le commerce des denrées de son cru si les prix de transport sont moins élevés que chez les autres nations.

VII. *Une nation qui a peu de commerce de denrées de son cru, réduite pour subsister à un commerce d'industrie, est dans un état précaire et incertain.* Car son commerce peut lui être enlevé par d'autres nations rivales qui se livreraient avec plus de succès à ce même commerce.

D'ailleurs, cette nation est toujours tributaire et dépendante de celles qui lui vendent les matières de premier besoin. Elle est réduite à une économie rigoureuse, parce qu'elle n'a point de revenus à dépenser; et qu'elle ne peut étendre et soutenir son trafic, son industrie et sa navigation, que par l'épargne ; au lieu que celles qui ont des biens-fonds, augmentent leurs revenus par leur consommation.

VIII. *Un grand commerce intérieur de marchandises de main-d'œuvre ne peut subsister que par les revenus des biens-fonds.* Il faut examiner dans un État, la proportion du commerce extérieur et du commerce intérieur d'ouvrages d'industrie; car si le commerce intérieur de marchandises de main-d'œuvre était, par exemple, de trois millions, et le commerce extérieur d'un million, les trois quarts de tout ce commerce de marchandises de main-d'œuvre seraient payés par le revenu des biens-fonds de la nation, puisque l'étranger n'en payerait qu'un quart.

Dans ce cas, les revenus des biens-fonds feraient la principale richesse de l'État. Alors le principal objet du gouvernement serait de veiller à l'entretien et à l'accroissement des revenus des biens-fonds.

Les moyens consistent dans la liberté du commerce et dans la conservation des richesses des cultivateurs. Le prix réduit des transports que l'on doit faire par eau. Arroser les terres par des eaux navigables, c'est ainsi qu'une nation sera prospère ayant ses prix de transport plus réduits qu'aucune autre. Sans ces conditions, les revenus, la population, les produits de l'industrie s'anéantissent.

L'agriculture produit deux sortes de richesses : savoir le produit annuel des revenus des propriétaires, et la restitution des frais de la culture.

Les revenus doivent être dépensés pour être distribués annuellement à tous les citoyens, et pour subvenir aux subsides de l'état.

Les richesses employées aux frais de la culture, doivent être réservées aux cultivateurs, et être exemptes de toute imposition ; car si on les élève, on détruit l'agriculture, on supprime les gains des habitants de la campagne, et on arrête la source des revenus de l'état.

IX. *Une nation qui a un grand territoire, et qui fait baisser le prix des denrées de son cru pour favoriser la fabrication des ouvrages de main-d'œuvre; se détruit de toutes parts.* Car si le cultivateur n'est pas dédommagé des grands frais que la culture exige ; et s'il ne gagne pas, l'agriculture périt ; la nation perd les revenus de ses biens-fonds ; les travaux des ouvrages de main-d'œuvre diminuent, parce que ces travaux ne peuvent plus être payés par les propriétaires des biens-fonds ; le pays se dépeuple par la misère et par la désertion des fabricants, artisans, manouvriers et paysans, qui ne peuvent subsister qu'à proportion des gains que leur procurent les revenus de la nation.

Alors les forces du royaume se détruisent; les richesses s'anéantissent, les impositions surchargent les peuples, et les revenus de l'état diminuent.

Ainsi une conduite aussi mal entendue suffirait seule pour ruiner un état.

X. *Les avantages du commerce extérieur ne consistent pas dans l'accroissement des richesses pécuniaires.* Le surcroit de richesses que procure le commerce extérieur d'une nation, peut n'être pas un surcroît de richesses pécuniaires, parce que le commerce extérieur peut se faire avec l'étranger par échange d'autres marchandises qui se consomment par cette nation. Mais ce n'est pas moins pour cette même nation une richesse dont elle jouit, et qu'elle pourrait par économie convertir en richesses pécuniaires pour d'autres usages.

D'ailleurs les denrées envisagées comme marchandises, sont tout ensemble richesses pécuniaires et richesses réelles. Un laboureur qui vend son blé à un marchand, est payé en argent; il paie avec cet argent, le propriétaire, les impôts, les domestiques, les ouvriers, et achète les marchandises dont il a besoin. Le marchand qui vend le blé à l'étranger, et qui achète de lui une autre marchandise, ou qui commerce avec lui par échange, revend à son retour la marchandise qu'il a rapportée, et avec l'argent qu'il reçoit, il rachète du blé. Le blé, envisagé comme marchandise, est donc une richesse pécuniaire pour les vendeurs, et une richesse réelle pour les acheteurs et les transporteurs.

‑ Ainsi les denrées qui peuvent se vendre, doivent toujours être regardées indifféremment dans un état comme richesses pécuniaires et comme richesses réelles, dont les sujets peuvent user comme il leur convient.

Les richesses d'une nation ne se réglent pas par la masse des richesses pécuniaires. Celles-ci peuvent augmenter ou diminuer sans qu'on sans apperçoive ; car elles sont toujours effectives dans un état par leur quantité, ou par la célérité de leur circulation, à raison de l'abondance et de la valeur des denrées. L'Espagne qui jouit des trésors du Pérou, fut toujours épuisée par ses besoins. L'Angleterre soutient son opulence par ses richesses réelles ; le papier qui y représente l'argent a une valeur assurée par le commerce et par les revenus des biens de la nation.

Ce n'est donc pas le plus ou le moins de richesses pécuniaires qui décide des richesses d'un état ; et les défenses de sortir de l'argent d'un royaume au préjudice d'un commerce profitable, ne peuvent être fondées que sur quelque préjugé désavantageux.

Il faut pour le soutien d'un état de véritables richesses, c'est-à-dire des richesses toujours renaissantes, toujours recherchées et toujours payées. pour en avoir la jouissance, pour se procurer des commodités, et pour satisfaire aux besoins de la vie.

XI. *On ne peut connaître par l'état de la balance du commerce entre diverses nations, l'avantage du commerce et l'état des richesses de chaque nation.* Car des nations peuvent être plus riches en hommes et en bien-fonds que les autres ; et celles-ci peuvent avoir moins de commerce intérieur, faire moins de consommation, et avoir plus de commerce extérieur que celles-là.

D'ailleurs quelques-unes de ces nations peuvent avoir plus de commerce de trafic que les autres. Le commerce qui leur rend le prix de l'achat des marchandises qu'elles revendent, forme un plus gros objet dans la balance, sans que le fond de ce commerce leur soit aussi avantageux que celui d'un moindre commerce des autres nations, qui vendent à l'étranger leurs propres productions.

Le commerce des marchandises de main-d'œuvre en impose aussi, parce qu'on confond dans le produit le prix des matières premières, qui doit être distingué de celui du travail de fabrication.

XII. *C'est par le commerce intérieur et par le commerce extérieur et surtout par l'état du commerce intérieur, qu'on peut juger de la richesse d'une nation.* Car si elle fait une grande consommation de ses denrées à haut prix, ses richesses seront proportionnées à l'abondance et au prix des denrées qu'elle consomme ; parce que ces mêmes denrées sont réellement des richesses en raison de leur abondance et de leur cherté ; et elles peuvent par la vente qu'on en pourrait faire, être susceptibles de tout autre emploi dans les besoins extraordinaires. Il suffit d'en avoir le fonds en richesses réelles.

XIII. *Une nation ne doit point envier le com-*

merce de ses voisins quand elle tire de son sol, de ses hommes, et de sa navigation, le meilleur produit possible. Car elle ne pourrait rien entreprendre par mauvaise intention contre le commerce de ses voisins, sans déranger son état, et sans se nuire à elle-même; surtout dans le commerce réciproque qu'elle a établi avec eux.

Ainsi les nations commerçantes rivales, et même ennemies, doivent être plus attentives à maintenir ou à étendre, s'il est possible, leur propre commerce, qu'à chercher à nuire directement à celui des autres. Elles doivent même le favoriser, parce que le commerce réciproque des nations se soutient mutuellement par les richesses des vendeurs et des acheteurs.

XIV. *Dans le commerce réciproque, les nations qui veulent les marchandises les plus nécessaires ou les plus utiles, ont l'avantage sur celles qui veulent les marchandises de luxe.* Une nation qui est assurée par ses biens-fonds d'un commerce de denrées de son cru, et par conséquent aussi d'un commerce intérieur de marchandises de main-d'œuvre, est indépendante des autres nations. Elle ne commerce avec celles-ci que pour entretenir, faciliter, et étendre son commerce extérieur; et elle doit, autant qu'il est possible, pour conserver son indépendance et son avantage dans le commerce réciproque, ne tirer d'elles que des marchandises de luxe, et leur vendre des marchandises nécessaires aux besoins de la vie.

Elles croiront que par la valeur réelle de ces différentes marchandises, ce commerce réciproque leur est favorable. Mais l'avantage est toujours pour la nation qui vend les marchandises les plus utiles et les plus nécessaires.

Car alors son commerce est établi sur le besoin des autres; elle ne leur vend que son superflu, et ses achats ne portent que sur son opulence. Ceux-là ont plus d'intérêt de lui vendre, qu'elle n'a besoin d'acheter; et elle peut plus facilement se retrancher sur le luxe, que les autres ne peuvent épargner sur le nécessaire.

Il faut même remarquer que les états qui se livrent aux manufactures de luxe, éprouvent des vicissitudes fâcheuses. Car lorsque les temps sont malheureux, le commerce de luxe languit, et les ouvriers se trouvent sans pain et sans emploi.

La France pourrait, le commerce étant libre, produire abondamment les denrées de premier besoin, qui pourraient suffire à une grande consommation et à un grand commerce extérieur, et qui pourraient soutenir dans l'État un grand commerce d'ouvrages de main-d'œuvre.

La France qui est de deux cinquièmes plus grande que la Grande Bretagne, avec la même population. La première ne peut produire le blé qu'elle consomme, quand la seconde en peut exporter.

Mais l'état de sa population ne lui permet pas d'employer beaucoup d'hommes aux ouvrages de luxe; elle a même intérêt pour faciliter le com-

merce extérieur des marchandises de son cru,
d'entretenir par l'achat des marchandises de luxe,
un commerce réciproque avec l'étranger.

D'ailleurs elle ne doit pas prétendre pleinement à
un commerce général. Elle doit en sacrifier quelques
branches les moins importantes à l'avantage des
autres parties qui lui sont les plus profitables, et qui
augmenteraient et assureraient les revenus des
biens-fonds.

Cependant tout commerce doit être libre, parce
qu'il est de l'intérêt des marchands de s'attacher aux
branches de commerce extérieur les plus sûres et les
plus profitables.

Il suffit au gouvernement de veiller à l'accroissement des revenus des biens du Pays, de ne point
gêner l'industrie, de laisser aux citoyens la facilité
et le choix des dépenses.

De ranimer l'agriculture par l'activité du commerce dans les provinces où les denrées sont
tombées en non-valeur, d'y faire des canaux.

De supprimer les prohibitions et les empêche-
ments préjudiciables au commerce intérieur et au
commerce réciproque extérieur.

D'abolir ou de modérer les droits excessifs de
rivière et de péage, qui détruisent les revenus des
provinces éloignées, où les denrées ne peuvent être
commerçables que par de longs transports ; ceux à
qui ces droits appartiennent, seront suffisamment
dédommagés par leur part de l'accroissement général
des revenus des biens du pays.

Il n'est pas moins nécessaire d'éteindre les privilèges surpris par des provinces, par des villes, pour leurs avantages particuliers.

Il est important aussi de faciliter partout les communications et les transports des marchandises par les réparations des chemins et la navigation des rivières.

Il est encore essentiel de ne pas assujettir le commerce des denrées des provinces à des défenses et à des permissions passagères et arbitraires, qui ruinent les campagnes sous le prétexte captieux d'assurer l'abondance dans les villes. Les villes subsistent par les dépenses des propriétaires qui les habitent ; ainsi en détruisant les revenus des biens-fonds, ce n'est ni favoriser les villes, ni procurer le bien de l'état.

Le gouvernement des revenus de la nation ne doit pas être abandonné à la discrétion ou à l'autorité de l'administration subalterne et particulière comme les Polytechnitiens.

On ne doit point donner l'exportation des *grains* à des provinces particulières, parcequ'elles s'épuisent avant que les autres provinces puissent les regarnir ; et les habitants peuvent être exposés pendant quelques mois à une disette que l'on attribue avec raison à l'exportation.

Mais quand la liberté d'exporter est générale, la levée des *grains* n'est pas sensible ; parceque les marchands tirent de toutes les parties du territoire, et surtout des provinces où les *grains* sont à bas prix.

Alors il n'y a plus de provinces où les denrées soient en non-valeur. L'agriculture se ramine partout à proportion du débit.

Les progrès du commerce et de l'agriculture marchent ensemble; et l'exportation n'enlève jamais qu'un superflu qui n'existerait pas sans elle, et qui entretient toujours l'abondance et augmente les revenus de l'état.

Cet accroissement de revenus augmente la population et la consommation, parce que les dépenses augmentent et procurent des gains qui attirent les hommes.

Par ces progrès un pays peut parvenir en peu de temps à un haut degré de force et de prospérité. Ainsi par des moyens bien simples, on peut faire dans ses propres états des conquêtes bien plus avantageuses que celles que l'on entreprendrait sur ses voisins. Les progrès sont rapides; sous Henri IV, le royaume épuisé, chargé de dettes, devint bientôt un pays d'abondance et de richesses.

Observations sur la nécessité des richesses pour la culture des grains. Il ne faut jamais oublier que cet état de prospérité auquel nous pouvons prétendre, serait bien moins le fruit des travaux du laboureur, que le produit des richesses qu'il pourrait employer à la culture des terres. Ce sont les fumiers qui procurent de riches moissons; ce sont les bestiaux qui produisent les fumiers; c'est l'argent qui donne les bestiaux et qui fournit les hommes pour les gouverner; les arrosages qui procurent l'abondance et la fertilité.

La mauvaise culture exige cependant beaucoup de travail; mais le cultivateur ne pouvant faire les dépenses nécessaires, ses travaux sont infructueux; il succombe et les bourgeois imbéciles attribuent ses mauvais succès à la paresse. Ils croient sans doute qu'il suffit de labourer, de tourmenter la terre pour la forcer à porter de bonnes récoltes; on s'applaudit lorsqu'on dit à un homme pauvre qui n'est pas occupé : *Va labourer la terre!.*. Ce sont les chevaux les bœufs, les machines, et non les hommes, qui doivent labourer la terre. Ce sont les troupeaux qui doivent la fertiliser; sans ces secours elle récompense peu les travaux des cultivateurs. Ne sait-on pas d'ailleurs qu'elle ne fait point les avances, qu'elle fait au contraire attendre longtemps la moisson? Quel pourrait donc être le sort de cet homme indigent à qui l'on dit *va labourer la terre?* Peut-il cultiver pour son propre compte? trouvera-t-il de l'ouvrage chez les fermiers s'ils sont pauvres? Ceux-ci dans l'impuissance de faire les frais d'une bonne culture, hors d'état de payer le salaire des domestiques et des ouvriers, ne peuvent occuper les paysans. La terre sans engrais sans eau, et presqu'inculte ne peut que laisser languir les uns et les autres dans la misère.

Il faut encore observer que tous les habitants doivent profiter des avantages de la bonne culture, pour qu'elle puisse se soutenir et produire de grands revenus. C'est en augmentant les revenus des propriétaires et les profits des fermiers, qu'elle procure des gains à tous les autres états, et qu'elle entretient une consommation et des dépenses qui la soutiennent elle-même. Mais si les impositions sont établies sur le cultivateur même, si elles enlèvent ses profits, la culture dépérit, les revenus des propriétaires diminuent; d'où résulte une épargne inévitable qui influe sur les stipendiés, les marchands, les ouvriers, les domestiques : le système général des dépenses, des travaux, des gains, et de la consommation est dérangé; l'état s'affaiblit; l'imposition devient de plus en plus destructive. Un état ne peut donc être florissant et formidable que par les productions qui se renouvellent ou qui renaissent continuellement de la richesse même d'un peuple nombreux et actif, dont l'industrie est soutenue et animée par le gouvernement.

On s'est imaginé que le trouble que peut causer le gouvernement dans la fortune des particuliers, est indifférent à l'état; parce que, dit-on, si les uns deviennent riches aux dépens des autres, la richesse existe également dans l'état. Cette idée est fausse et absurde; car les richesses d'un état ne se soutiennent pas par elles-mêmes, elles ne se conservent et s'augmentent qu'autant qu'elles se renouvellent par leur emploi dirigé avec intelligence. Si le cultivateur est ruiné par le financier, les revenus de l'État sont anéantis, le commerce et l'industrie languissent; l'ouvrier manque de travail; les propriétaires sont privés des revenus; les dépenses et les gains sont abolis; les richesses renfermées dans les coffres du financier, sont infructueuses, ou si elles sont placées à intérêt, elles surchargent l'état. Il faut donc que le gouvernement soit très-attentif à conserver à toutes les professions productrices, les richesses qui leur sont nécessaires pour la production et l'accroissement des richesses du Pays.

Observations sur la population soutenue par la culture des grains. Enfin on doit reconnaitre que les productions de la terre ne sont point des richesses par elles-mêmes ; qu'elles ne sont des richesses qu'autant qu'elles sont nécessaires aux hommes, et qu'autant qu'elles sont commerçables : elles ne sont donc des richesses qu'à proportion de leur consommation et de la quantité des hommes qui en ont besoin. Chaque homme qui vit en société n'étend pas son travail à tous ses besoins; mais par la vente de ce que produit son travail, il se procure ce qui lui manque. Ainsi tout devient commerçable, tout devient richesse par un trafic mutuel entre les hommes. Si le nombre des hommes diminue d'un tiers dans un état, les richesses doivent y diminuer des deux tiers, parce que la dépense et le produit de chaque homme forment une double richesse dans la société.

Le paysan n'est utile dans la campagne qu'autant qu'il produit et qu'il gagne par son travail, et qu'autant que sa consommation en bons aliments et en bons vêtements contribue à soutenir le prix des denrées et le revenu des biens, à augmenter et à faire gagner les fabricants et les artisans, qui tous peuvent payer au Pays des subsides à proportion des produits et des gains.

Ainsi on doit appercevoir que si la misère augmentait, ou que si le Pays perdait encore quelques millions d'hommes, les richesses actuelles y diminueraient excessivement, et d'autres nations tireraient un double avantage de ce désastre; mais si la population se réduisait à moitié de ce qu'elle doit être, c'est-à-dire de ce qu'elle était il y a cent ans, le Pays serait dévasté; il n'y aurait que quelques villes ou quelques provinces commerçantes qui seraient habitées, le reste du Pays serait inculte; les biens ne produiraient plus de revenus; les terres seraient partout surabondantes et abandonnées à qui voudrait en jouir, sans payer ni connaître de propriétaires.

Les terres, je le répète, ne sont des richesses que parce que leurs productions sont nécessaires pour satisfaire aux besoins des hommes, et que ce sont ces besoins eux-mêmes qui établissent les richesses: Ainsi plus il y a d'hommes dans un pays dont le territoire est fort étendu et fertile, plus il y a de richesses. C'est la culture animée par le besoin des hommes, qui en est la source la plus féconde, et le principal soutien de la population; elle fournit les matières nécessaires à nos besoins, et procure des revenus à l'État et aux propriétaires. La population s'accroît beaucoup plus par les revenus et par les dépenses que par la propagation de la nation même.

Observations sur le prix des grains. Les revenus

multiplient les dépenses, et les dépenses attirent les hommes qui cherchent le gain ; les étrangers quittent leur patrie pour venir participer à l'aisance d'une nation opulente, et leur affluence augmente encore les richesses, en soutenant par la consommation le bon prix des productions de l'agriculture, et en provoquant par le bon prix l'abondance de ces productions : car non seulement le bon prix favorise les progrès de l'agriculture, mais c'est dans le bon prix même que consistent les richesses qu'elle procure. La valeur d'un hectolitre de blé considéré comme richesse, ne consiste que dans son prix : ainsi plus le blé, le vin, les laines, les bestiaux, sont chers et abondants, plus il y a de richesses dans l'État. *La non-valeur avec l'abondance n'est point richesse. La cherté avec pénurie est misère. L'abondance avec cherté est opulence.* J'entends une cherté et une abondance permanentes ; car une cherté passagère ne procurerait pas une distribution générale de richesses à toute la nation, elle n'augmenterait pas les revenus des propriétaires ni les revenus de l'État ; elle ne serait avantageuse qu'à quelques particuliers qui auraient alors des denrées à vendre à haut prix.

Les denrées ne peuvent donc être des richesses pour toute nation, que par l'abondance et par le bon prix entretenu constamment par une bonne culture, par une grande consommation, et par un commerce extérieur : on doit même reconnaître que relativement à une nation, l'abondance et un bon prix qui a cours chez l'étranger, est une grande richesse pour cette nation, sur tout si cette richesse consiste dans les productions de l'agriculture ; car c'est une richesse en propriété bornée dans chaque pays au territoire qui peut la produire : ainsi elle est toujours par son abondance et par sa cherté à l'avantage de la nation qui en a le plus et qui en vend aux autres : car plus une nation peut se procurer de richesses en argent, plus elle est puissante et plus les facultés des particuliers sont étendues, parceque l'argent est la seule richesse qui puisse se prêter à tous les usages et décider de la force des nations relativement les unes aux autres.

Les nations sont pauvres partout où les productions du pays les plus nécessaires à la vie, sont à bas prix ; ces productions sont les biens les plus précieux et les plus commerçables, elles ne peuvent tomber en non-valeur que par le défaut de population et de commerce extérieur. Dans ces cas, la source des richesses pécuniaires se perd dans des pays privés des avantages du commerce, où les hommes réduits rigoureusement aux biens nécessaires pour exister, ne peuvent se procurer ceux qu'il leur faut pour satisfaire aux autres besoins de la vie et à la sureté de leur patrie : telles sont nos provinces où les denrées sont à vil prix, ces pays d'abondance et de pauvreté, où un travail forcé et une épargne outrée ne sont pas même des ressources pour se procurer de l'argent. Quand les denrées sont chères et quand les revenus et les gains augmentent à proportion, on peut par des arrangements économiques, diversifier les dépenses, payer ses dettes, faire des acquisitions, établir des enfants, etc. C'est dans la possibilité de ces arrangements que consiste l'aisance qui résulte du bon prix des denrées. C'est pourquoi les villes et les provinces d'un pays où les denrées sont chères, sont plus habitées que celles où toutes les denrées sont à trop bas prix, parce que ce bas prix éteint les revenus retranche les dépenses, détruit le commerce supprime les gains de toutes les autres professions, les travaux et les salaires des artisans et manouvriers : de plus il anéantit les revenus de l'État, parce que la plus grande partie du commerce pour la consommation se fait par échange de denrées et ne contribue point à la circulation de l'argent ; ce qui ne procure point à l'État sur la consommation des subsistances de ces provinces et très peu sur les revenus des biens.

Quand le commerce est libre, la cherté des denrées a nécessairement ses bornes fixées par les prix même des denrées des autres nations qui étendent leur commerce partout. Il n'en est pas de même de la non valeur ou de la cherté des denrées causées par le défaut de liberté du commerce ; elle se succèdent tour à tour et irrégulièrement, elles sont l'une et l'autre fort désavantageuses, et dépendent presque toujours d'un vice du gouvernement.

Le bon prix ordinaire du blé qui procure de si grands revenus à l'état, n'est point préjudiciable au bas peuple. Un homme consomme 2 hectolitres de blé, si, à cause du bon prix, il achetait chaque hectolitre 6 fr. plus cher, ce prix augmenterait au plus sa dépense d'un sou par jour, son salaire augmenterait aussi à proportion, et cette augmentation serait peu de chose pour ceux qui la payeraient, en comparaison des richesses qui résulteraient du bon prix du blé. Ainsi les avantages du bon prix du blé ne sont point détruits par l'augmentation du salaire des ouvriers; car alors il s'en faut beaucoup que cette augmentation approche de celle du profit des fermiers, de celle du produit des impôts à l'Etat. Il est aisé d'appercevoir aussi que ces avantages n'auraient pas augmenté d'un vingtième, peut-être pas même d'un quarantième de plus le prix de la main-d'œuvre des manufactures. C'est d'ailleurs un grand inconvénient que d'accoutumer le peuple à acheter le blé à trop bas prix; il en devient moins laborieux; il se nourrit de pain à peu de frais, et devient paresseux; les laboureurs trouvent difficilement des ouvriers et des domestiques; aussi sont-ils fort mal servis dans les années abondantes. Il est important que le petit peuple gagne davantage, et qu'il soit pressé par le besoin de gagner. Dans le siècle passé où le blé se vendait beaucoup plus cher, le peuple y était accoutumé, il gagnait à proportion; il devait être plus laborieux et plus à son aise.

Ainsi nous n'entendons pas ici par le mot de *cherté*, un prix qui puisse jamais être excessif, mais seulement un prix commun entre nous et l'étranger; car, dans la supposition de la liberté du commerce extérieur, le prix sera toujours réglé par la concurrence du commerce des denrées des nations voisines.

Ceux qui n'envisagent pas dans toute son étendue la distribution des richesses d'un état, peuvent objecter que la cherté n'est avantageuse que pour les vendeurs, et qu'elle appauvrit ceux qui achètent; qu'ainsi elle diminue les richesses des uns autant qu'elle augmente celles des autres. La cherté, selon ces idées, ne peut donc pas être, dans aucun cas, une augmentation de richesses dans l'état.

Mais la cherté et l'abondance des productions de l'Agriculture n'augment-elles pas les profits des cultivateurs, les revenus de l'Etat des propriétaires, ces richesses elles-mêmes n'augment-elles pas aussi les dépenses et les gains? Le manouvrier, l'artisan, le manufacturier, etc. ne font-ils pas payer leur temps et leurs ouvrages à proportion de ce que leur coûte leur subsistance? Plus il y a de revenus dans un état, plus le Commerce, les Manufactures, les Arts, les Métiers, et les autres professions deviennent nécessaires et lucratives.

Mais cette prospérité ne peut subsister que par le bon prix de nos denrées : car lorsque le gouvernement arrête le débit des productions de la terre, et lorsqu'il en fait baisser les prix, il s'oppose à l'abondance, et diminue les richesses de la nation à proportion qu'il fait tomber les prix des denrées qui se convertissent en argent.

Cet état de bon prix et d'abondance a subsisté dans le pays tant que nos *grains* ont été un objet de Commerce; que la culture des terres a été protégée, et que la population a été nombreuse. Mais la gêne dans le commerce des blés, la forme de l'imposition, des subventions, le mauvais emploi des hommes et des richesses aux manufactures de luxe, et d'autres causes de dépopulation et d'indigence ont détruit ces avantages; et l'état perd annuellement plus des trois quarts du produit qu'il retirait il y un siècle, de la culture des *grains*, sans y comprendre les autres pertes qui résultent nécessairement de cette énorme dégradation de l'Agriculture et de la population.

Je crois superflu d'analyser ici les travaux incombant aux autres ministères qui doivent toujours être conformes aux pouvoirs souverains page 1re et 2e et les principes d'économie dont on ne doit jamais se départir.

Cependant il n'est pas indifférent de dire quelques mots du *Ministère des Finances*.

Il est le gardien de l'économie financière du pays. Pour cette raison; il doit signifier à chaque ministre.

1° La Somme en bloc pouvant être allouée à chaque ministère.

2° N'accepter aucune augmentation sous quelque forme que ce soit de la somme allouée.

3° Aucun crédit sans être couvert par des recettes effectives.

4° Que le budget se solde par bénéfices certains.

5° Amortir sans cesse la dette. Si non des chefs de services suffiront à recevoir et payer. Il n'y a nul besoin d'avoir un Ministre des Finances qui ne sait pas balancer un budget, résister aux dépensiers de l'argent des contribuables. Fabricant de faux billets à 3, 6, 9, 12, 15 mois jusqu'à 3 ans. Sans en avoir par devers lui la somme en espèces ou en marchandises. Sachant même qu'il ne sera plus là le jour de l'échéance. C'est ainsi que l'on doit 1500 millions de billets, juillet 1890, et qu'on laisse gacher nos finances aux Ingénieurs et Polytechniciens de toutes sortes, en subventions, en travaux improductifs trop chers et inutiles.

FIN DE LA PREMIÈRE PARTIE

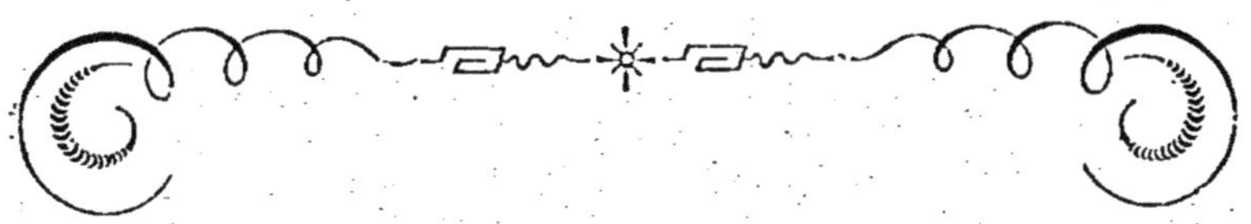

DEUXIÈME PARTIE

XXIV

1° *L'Exportation du superflu est le gain le plus clair que puisse faire une nation.*

C'est à dire l'exportation des produits du sol, tels sont les grains, farines, vermicelles, semoules et les autres dérivés.

Les fruits, les légumes, les œufs, les volailles plumées, conserver ces dernières pour l'industrie on en peut dire des bestiaux dont la viande, le sang, la corne, les poils et crins, les peaux doivent être manufacturés avant l'expédition afin de favoriser notre industrie.

Les métaux sous toutes les formes. Outils, machines, pointes, vis, boulons, chaines, etc., quincaillerie, armes.

Les bois travaillés, meubles, sièges.

Les produits céramiques de toutes sortes.

Les boissons et non les *raisins*, les *pommes*, les *poires*.

Les alcools, principalement les alcools parfumés, les parfums, les liqueurs.

Les sucres raffinés, la confiserie.

Les étoffes et vêtements tout faits.

Les instruments de musique, de chirurgie, coutellerie.

Bijouterie, horlogerie. Instruments de physique, chimie, verrerie, cristaux porcelaines, tapis, parapluies, ombrelles, chaussures, etc. etc.

2° La manière la plus avantageuse d'exporter les productions superflues de la terre, c'est de les mettre en œuvre, ou les manufacturer auparavant.

Relire le commentaire précédent.

3° Les matières étrangères importées ne doivent pas être manufacturées. C'est à nos usines que doit appartenir ce travail.

Aucune marchandise fabriquée ne doit être introduite à moins de nécessité absolue. Le devoir des citoyens est de favoriser l'établissement d'usines destinées à fabriquer les produits que le pays ne posséderait pas afin de satisfaire aux besoins du peuple et conserver le numéraire qui sans cela irait à l'étranger.

4° L'échange de marchandises contre marchandises est avantageux en général, pourvu que l'on se conforme aux principes d'économie, n° 3.

En échangeant une marchandise contre une autre, c'est être payé en une monnaie de change. C'est à dire dont il faut connaître le cours.

Par exemple : on vend de la quincaillerie pour

cent mille francs, on reçoit des sacs de gomme en paiement.

Le bénéfice se trouve sur le prix de vente des gommes dont le transport fourni le fret au navire qui n'a pas perdu un moment. Au moyen du télégraphe on connaît, le jour même, le cours des gommes, de Bordeaux au Sénégal, et l'on achète ou vend sans aléa et toujours avec bénéfice.

5° *L'importation des marchandises qui empêchent la consommation de celles du pays ou qui nuisent au progrès de ses manufactures et de sa culture, entraine la ruine d'une nation.*

Le négociant doit être pénétré de ce principe. Il ne doit donc pas être importé ni grains, farines, ni leurs dérivés, les étoffes, draps, cuirs préparés, etc. L'état encourage ce commerce indigne, en subventionnant la marine au mille parcouru, au lieu que ce soit au tonneau *exporté*. Il est dit que ces administrateurs des travaux publics ne feront rien de bien, le choléra, la peste seraient préférable à cette administration.

6° *L'importation de marchandises étrangères de pure luxe est une véritable perte pour l'État.*

En effet, que l'on achète de la musique, des pianos allemands, ce sera payé en espèces ou en marchandises; le pays en sera appauvrit de toute la somme qu'auront coûté la musique et les pianos. Il est donc urgent de ne pas introduire d'objets de luxe étrangers, de ne consommer que ceux fabriqués en France.

7° *L'importation des choses de nécessité absolue*

ne peut-être estimée un mal ; mais la nation n'en est pas moins apprauvrie de tout leur prix.

Dès qu'il s'agit par exemple de mécaniques, outils nouveaux inconnus dans le pays. On ne peut priver la nation d'un outillage perfectionné sans le plus grand dommage. Il n'en est pas moins vrai que le Pays est appauvrit de tout le prix de ces objets.

8° *L'importation des marchandises étrangères pour les réexporter ensuite, procure un bénéfice réel.*

Lorsqu'un navire déchargé à Bombay ou tout autre port étranger n'y trouve que des produits locaux à recharger. Ces derniers peuvent être revendus en route et avec bénéfice.

L'armateur recherche ces opérations qui évite une perte de temps au navire et laisse toujours au premier un bénéfice assuré.

Il y a une maxime qui enseigne que le navire prend le fret *où il est.* C'est-à-dire qu'il est heureux d'en avoir.

9° *C'est un commerce avantageux que de donner ses vaisseaux à freter aux autres-nations.*

Toute l'exportation doit être réglée sur ces points.

La fabrication des vaisseaux, leur possession est d'un excellent produit.

Le navire est loué de différentes manières, il rapporte toujours de gros intérêts. Aussi voit-on une iufinité de petits rentiers s'enrichir en plaçant des fonds sur les vaisseaux.

XXV. Économie générale.

10° La consommation intérieure, est celle que font les citoyens entre eux. C'est elle qui procure les revenus à l'Etat. *La richesse réelle d'une nation est à son plus haut degré, lorsque celle-ci n'a recours à aucune autre pour ses besoins.*

11° La valeur du commerce intérieur est la somme des dépenses particulières de chaque citoyen. Il faut en déduire tout ce qui est consommé de denrées étrangères qui sont une perte réelle pour la nation.

12° La population est l'âme de cette circulation intérieure. Sa *perfection*, en raison des qualités de l'abondance des produits du pays pour ses besoins. Sa *conservation* dépend du profit que les denrées procurent à leurs propriétaires.

13° Tant que les terres reçoivent la plus grande et la meilleure culture possible, l'usage des denrées de toutes sortes ne saurait être trop grand, pourvu qu'elles soient récoltées dans le pays ou aux colonies.

14° Il est bon qu'un Peuple ne manque d'aucun agrément de la vie, parce qu'il en est plus heureux.

Il cesserait de l'être si ces agréments épuisaient sa santé, sa richesse. S'ils étaient tirés de l'étranger.

15° L'abus du luxe n'est pas impossible. Son excès amènerait l'abandon des terres et des industries.

Le législateur doit maintenir l'équilibre entre les

diverses occupations du Peuple, soulageant celles qui souffrent et imposant celles de luxe.

16º Il faut se souvenir continuellement que le commerce intérieur est celui qui fournit les revenus à l'Etat. Le développer sans cesse.

17º Le commerce d'extérieur ou exportation consiste à fournir le plus possible, aux autres peuples, les produits dont ils ont besoin. Les productions de la terre et de l'industrie sont la base de tout commerce. Les pays fertiles ont un avantage pour l'exportation sur ceux qui ne le sont pas ou le sont moins. Plus les produits exportés seront parfaits, plus ils seront recherchés.

L'exportation procure les richesses au peuple et fournit de l'occupation aux hommes qui en manqueraient dans le commerce intérieur. Elle occupe les navires, les marins de la nation et de ses colonies.

18º Un peuple ne fournira rien aux autres, s'il ne donne ses produits à aussi bon marché que les autres peuples qui possèdent ces mêmes produits.

Quatre moyens y conduisent sûrement :

1º La concurrence.

2º L'économie du travail par l'outillage perfectionné.

3º La *modicité* des *frais* de *transport*, par l'établissement de canaux maritimes favorisant aux navires l'approche des usines qui feront elles-même les opérations du chargement, du déchargement des marchandises qui, transportées par eau, ne subiront que un demi cent par tonne et kilomètre de l'usine au port de débarquement. Ce qui coûte 15 fois plus en empruntant les chemins de fer.

4° Le bas prix de l'intérêt de l'argent.

La *concurrence* produit l'abondance, et celle-ci le bon marché des vivres, de la main-d'œuvre et du prix de l'argent.

L'expérience démontre que l'on perd son commerce quand on ne fait *qu'une partie* de celui qu'on pourrait faire. C'est pourquoi l'emploi des machines est nécessaire afin que la production soit plus économique et abondante, obtenir la faveur des acheteurs et les satisfaire.

La *modicité des frais de transport* est indiqué plus haut. Elle ne s'obtient qu'à l'aide de canaux et rivières navigables aux navires de mer.

Quoi qu'entre deux peuples, le prix d'un produit soit semblable, il faut encore que le prix de transport rendu à un point déterminé soit le même, la plus petite différence décide l'acheteur.

19° Entre nations commerçant ensemble, le *moindre écart* dans les prix de transport *suffit* à enrichir la nation favorisée quand les autres *s'appauvrissent*.

C'est donc la perfection des voies maritimes intérieures et des ports qui favorisent l'exportation en rendant les prix de transport très réduits, comme il est dit plus haut : Que les prix des produits soient identiques chez deux nations, si les prix de transport ne le sont pas, il est certain que la nation qui ne sera point favorisée ne fournira rien aux autres.

L'État doit apporter la plus grande vigilance à l'outillage de ses voies et ports, sinon il perdra son commerce d'exportation, le peuple sera privé des richesses que ce commerce lui procurait. Il diminuera sa consommation intérieure et l'État, privé des revenus qu'il en obtenait. Le commerce général sera aux mains des nations étrangères, l'argent disparaîtra, la population émigrera. Les meilleures terres abandonnées, ne trouveront plus de bras pour les cultiver. C'est ce qui existe actuellement dans plusieurs Départements.

20° Un peuple ne peut prétendre à un plus grand bien que celui d'avoir les prix de transport les plus réduits. C'est ainsi qu'une nation devient la maîtresse du commerce du monde.

Il est donc de la plus haute importance, de comparer les prix de transport du point le plus producteur de fret, comme Paris, avec ceux de Londres, Anvers, Amsterdam, Hambourg à un point, soit l'un des ports méditerrané, en Alger, par exemple.

D'Alger à Paris, la tonne coûte .... 100 fr.
— Londres — 20
— Anvers — 21
— Amsterdam — 22
— Hambourg — 24

Ces chiffres suffisent à démontrer la puissance commerciale de chaque nation qui accompagne le bon marché des prix. Ainsi l'Angleterre n° 1, Anvers, n° 2 Amsterdam, n° 3 Hambourg. n° 4.

Paris, ne peut être mis en parallèle, la différence est trop considérable comme on va le voir.

Qu'un navire anglais charge de l'alfa à Bône, pour Londres, 2.000 tonneaux à 20 francs = 40.000 francs. Un Français charge 2.000 tonneaux de Bône, pour Paris, 200.000 francs. Le pauvre Français qui se sert du chemin de fer pour ses produits est ruiné à la première opération ; tandis que les rivaux s'enrichissent, grâce à leurs voies maritimes.

La France mieux qu'aucune autre, peut avoir les prix de transport les plus réduits, étant plus rapprochée de l'Amérique, de la Méditerrannée, de l'Isthme de Suez que ses rivales.

Il suffirait d'établir un émissaire maritime profond et sans écluse, de la mer à ou près Paris, pour que le prix de la tonne baisse à 18 fr. 50, c'est-à-dire de 1 fr. 50 inférieur à celui de Londres, 33 p. 100 inférieur à celui de Hambourg.

Aucune victoire ne rapportera autant à la France qu'un semblable émissaire qui serait la jonction avec toutes nos possessions. La dépense en serait faite par l'industrie privée afin de ménager les finances de l'état. C'est ainsi que s'opère la transformation économique d'une nation qui, du huitième rang qu'elle occupe dans le monde commerçant, passerait au premier. Nulle crise n'atteindrait jamais notre pays dont la population actuelle serait bientôt insuffisante à produire tout ce que la marine demanderait. Nos belles colonies jouiraient comme la métropole de cette extension de richesses nouvelles, par l'exportation de leurs produits. Tous ces principes d'économie doivent être appliqués aux possessions coloniales.

Il suffit de remarquer combien la richesse de l'Angleterre s'est développée, en observant toujours ces principes qui sont enseignés à tous les hommes se destinant au commerce ou aux affaires des colonies et de la métropole.

Dans un pays qui est démocratique, dit-on, comment conserver en des mains autocratiques, le pouvoir considérable d'établir des canaux maritimes, voies économiques de transport qui n'intéressent que le ministère du commerce ? Il semble que l'État n'a des ingénieurs que pour être exploité par eux. Quand l'État devrait s'en servir, c'est le contraire qui a toujours existé. Comme l'État c'est nous, il ne faut pas être surpris que nous soyons à la merçi de ces autocrates, n'ayant rien à leur actif, si ce n'est la prétention de savoir *conter*. Hélas ! combien la France a payé de les avoir écoutés, de leur avoir confié ses destinées commerciales et économiques.

En 1844, dans le cours de la discussion de la loi qui instituait les ponts et chaussées, juges et parties pour tous les travaux d'intérêt général, études, enquêtes. Le législateur qui combattait cette loi dit : *Et si cette loi au lieu de servir à l'état ne servait qu'aux ingénieurs*. (Alors la suppression radicale s'impose) répondit le Directeur général de l'époque. Depuis, les ingénieurs n'ont songé qu'à se faire des places. Le cumul est chez eux contagieux.

Quoique n'ayant rien fait que dilapider les finances,

laissant la France sans voies maritimes, nos fleuves, nos ports infectes, renversant les quais, les ponts, faisant déborder nos rivières par leurs travaux mal conçus. Ne recherchant que des places, ils ont intérêt à n'étudier que des lignes même improductives auxquelles il faut des directeurs, des inspecteurs, sur lesquelles lignes les prix de transport sont dix fois plus élevés que sur les canaux maritimes, établis économiquement par l'industrie privée, tel que cela est pratiqué dans les états prospères. Un fait justifiant la suppression de l'autocratique école polytechnique du ministère des travaux publics, leur nid ; de l'administration des ponts et chaussées, attendu que l'on ne fera plus de chaussées.

(C'est d'avoir corrompu nos législateurs en leur donnant des cartes de voyages gratuits sur tous les chemins de fer. C'est ce qui empêche l'examen des dépenses folles du ministère si généreux.)

Jadis un roi de Lacédemone offrait un bœuf à chaque sénateur nouvellement élu. Cette générosité fut condamné comme un fait de corruption.

Moins sévères, nos législateurs dont l'indemnité devrait s'élever à 15.000 francs, usent de ces cartes sans vergogne, acceptent et votent comme un seul homme les turpitudes, les bourdes les plus fortes offertes par ce ministère. Enfin les prétentions a obtenir une loi punissant leurs adversaires qui osent critiquer leurs folies. Ces Messieurs sont infaillibles comme leurs chers pères. Cette impudence vaut qu'on s'y attache et mérite l'attention des patriotes s'intéressant à l'avenir de la Patrie, à sa puissance compromise par ces tristes zéros si embarassants.

La différence qui résulte de la compensation des exportations et des importations s'appelle *balance du commerce*. Elle est toujours payée ou reçue en argent. Les états soldent entre eux comme les particuliers.

Lorsque la balance du commerce est avantageuse à une nation ; son fond capital des richesses est augmenté du montant de cette balance.

Si elle est désavantageuse, son fond capital est diminué de toute la somme qui a été payée. Exemple :

Il a été importé pour.......... 3.895.534.000 francs
en 12 mois et exporté pour.... 2.638.425.000 —

La perte du fond capital espèces
. qui est la différence sera de.   1.257.109.000 francs

Si l'exportation favorisée par les prix de transport réduits, est active, elle présentera un chiffre supérieur à celui des importations. Le fond espèces augmentera. La balance du commerce est donc le bénéfice ou la perte résultant de l'exportation et de l'importation. Alors même que le montant des exportations aurait diminué, si celui des importations l'est dans la même proportion, l'état n'aura pas perdu, toutefois que le montant des exportations est supérieur à celui des importations.

On doit toujours avoir la balance du commerce favorable, si non, les richesses de convention fuiront. Si elle est à l'avantage de la nation de un milliard par an, cette somme en circulant, procurera une aisance au peuple dont la consommation augmentant, produira plus de revenus à l'état. Si les circonstances varient à l'infini, les principes restent les mêmes, leur application est le fruit du génie qui en embrasse toutes les faces.

On voit par ce qui précède, l'importance d'avoir un commerce d'exportation. Nuls produits ne sont aussi favorables à ce commerce que ceux de l'agriculture, tels sont les farines, pâtes, légumes secs et conservés, sucres, bonbons, alcools, liqueurs, étoffes de laine, chanvre, lin, blancs, ouvrés, cuirs, souliers, etc., huiles, savons, etc.; ensuite viennent ceux des carrières: Pierres à bâtir, à plâtre, chaux, tuiles, briques, ardoises, carreaux de pavage, céramique, verrerie, porcelaine, faïence, poterie, bouteilles, grès, sables, goudrons.

Ceux de l'industrie, des métaux, des bois, bronzes de la toilette, parfumerie, pharmaceutiques, de Paris, bijouterie, instruments de chirurgie, coutellerie, armes, etc., etc., carosserie, meubles.

Il convient de développer la production agricole au plus haut degré, afin d'avoir beaucoup de superflu à exporter, surtout les matières dont les autres nations manquent.

D'où on reconnait que le cultivateur est le principal agent du commerce de l'exportation, puis le négociant armant des navires pour le transport des produits nationaux qui seront échangés contre des matières premières nécessaires à nos usines et contre des espèces qui répandront la richesse dans l'état. Ils sont réellement les premiers citoyens de la nation et on ne saurait trop les honorer.

En retour, le négociant doit à la Société dont il est membre, les sentiments qu'un honnête et vrai citoyen a toujours pour elle : la soumission à ses lois et un amour de préférence. Ce serait être bien coupable que d'y manquer quelque profession que l'on exerce; mais ce principe ne saurait être gravé trop profondément dans le cœur de ceux qui ont souvent l'occasion d'y manquer, tel est le négociant.

Un peuple ne fournirait point aux autres, s'il ne faisait que le *commerce* de ses propres denrées. Il doit rechercher ailleurs les produits qui manquent chez lui afin d'offrir le plus grand assortiment.

Les peuples commerçants vont chercher chez d'autres peuples les denrées qui leur manquent pour les distribuer à ceux qui les consomment. C'est le *commerce d'économie*, il fait entrer de nouveaux profits dans l'État.

Pour faciliter ce genre de commerce, on a établi des ports francs, ou des entrepôts ou ces marchandises peuvent rester sans payer de frais de douanes jusqu'à ce qu'elles soient réexportées.

Le commerce extérieur d'un peuple ne sera point à son plus haut degré de perfection, si son superflu n'est exporté. Il doit donc multiplier les produits de la terre par des arrosages bien distribués, assécher les terres submergées, employer les engrais les meilleurs, les machines au labourage et à la récolte.

Choisir les grains se reproduisant abondamment

les bestiaux fournissant le plus de chair, de laines, de meilleur qualité, prolifiques. Afin d'avoir un grand superflu à exporter.

Plus haut art. 21, la balance générale du commerce a été décrite. La balance particulière est celle du commerce entre deux États. Elle est l'objet des traités qu'ils font entre eux pour rétablir l'égalité du Commerce.

Le Commerce est l'âme du corps politique, l'occupation qu'un citoyen s'en fait est honnête, comme toutes celles qui sont utiles; mais à mesure que ces citoyens rendent de plus grands services, ils doivent être plus distingués; le commerce ne sera pas encouragé dans les pays qui ne savent point faire ces différences.

Le commerce d'intérêt général est l'exportation du superflu, vendu, échangé à l'étranger. Celui-là enrichit la nation en introduisant du numéraire et des matières premières nécessaires à l'industrie.

Il multiplie la navigation établit des relations avec d'autres peuples et occupe beaucoup de citoyens.

On voit souvent des sociétés disposant d'un grand capital faire le commerce d'exportation. C'est une bonne méthode, ainsi on a des collaborateurs intéressés au bon fonctionnement des opérations, il est à désirer que tous les collaborateurs profitassent des bonnes opérations auxquelles ils ont concourru, ne serait-ce qu'au prorata de leurs appointements, l'intérêt que chacun apporterait dans les affaires donnerait un plus grand profit aux négociants dont les bénéfices ne seraient point diminués.

Il reste l'économie particulière. Agricole, industrielle, financière, domestique, etc.

Cela dépasserait le but proposé qui est l'économie politique générale. Aucun ouvrage de ce genre n'existant, tous les citoyens trouveront dans celui-ci leurs droits et leurs devoirs envers l'État et la Nation, pourront diriger méthodiquement une colonie, un état même et principalement notre cher Pays.

Les travaux d'industrie multiplient moins les richesses que ceux de l'Agriculture.

Les travaux de cette dernière paient la main-d'œuvre, les frais généraux des bénéfices aux cultivateurs, ils produisent les revenus des bien-fonds et sont soumis à diverses transformations qui donnent des bénéfices aux ouvriers usiniers.

Les ouvrages d'industrie, paient les frais généraux, la main-d'œuvre et le bénéfice du fabricant, rien de plus. Quand on exporte pour *un million* de pâtes alimentaires, de sucre, d'alcool, de cuirs. Toute la somme est profit, elle enrichie la nation de *un million*. Si on vend à l'exportation pour *un million* de produits de l'industrie ; la nation est enrichie de la différence existant entre le prix de la matière première et celui de la vente. Ceci démontre clairement ce qui a été dit plus haut : que les produits de l'agriculture sont les plus favorables à l'exportation. Cependant l'industrie est tellement liée à l'agriculture que l'une ne peut vivre sans l'autre. En effet sans l'industrie, les pâtes sèches, les sucres, l'alcool, les cuirs, les articles en corne, les draps et autres étoffes de laine, teintes ou non, les toiles de fil, le lin n'existeraient pas.

La même analogie existe entre les ouvriers de l'agriculture et ceux d'industrie.

Les premiers paient généralement leur part de contributions à l'État, si l'agriculture est florissante leur consommation multipliée fournit des revenus à l'État. Leur économie les porte à l'achat de biens-fonds, qui est l'occasion d'autres ressources pour l'État.

L'ouvrier d'industrie, plus cosmopolite, consomme tout ce qu'il produit si ce n'est plus; n'achète que rarement des biens. Ne paie pas de contribution et n'a qu'un domicile momentané. Aussi est-il moins attaché à l'ordre que l'ouvrier agricole. La plupart sont des campagnards dont l'instruction aurait fait de bons citoyens, si on leur eut donné l'enseignement de l'économie.

Comment sans cette science, résister à l'exemple des richesses dépensées sous leurs yeux, dans les villes comme Paris, où les plus fortunés s'y réunissent pour y jouir des arts, des sciences, des lettres, des plaisirs que l'on ne trouve aussi parfaits nulle autre part, où le luxe semble être à tous, hors à ces ouvriers, sans songer que ceux qui jouissent ainsi, n'ont atteint la fortune qu'en appliquant à toutes leurs actions les principes d'économie; en sorte qu'insensiblement, la richesse est survenue à un tel point, qu'ils l'ont fuie.

Comment expliquer que : Deux individus, gagnant autant l'un que l'autre, l'un placera régulièrement 5, 10, 20 fr. par mois. Quand l'autre ne pourra payer ses dépenses. Le premier après 25 à 30 années de travail vit avec le fruit de ses économies, le deuxième est réduit depuis longtemps à une profonde misère.

C'est ainsi que l'existence est agréable si on sait s'administrer. Quelques uns possèdent cet art, ils sont les heureux et font des jaloux au lieu d'imitateur.

L'ouvrier agricole est souvent nourri, ce qui simplifie singulièrement son économie. Il a son chez lui, sa sobriété est nécessaire à son crédit. C'est ainsi qu'il laisse un plus grand superflu à exporter.

La profession d'agriculteur étant la plus élevée ; celle qui rend le plus de services à l'état, est en même temps la plus libérale.

L'extrême quantité de personnes qui en vivent en France, peut-être estimée aux neuf dizièmes de la population, ce sont :

1° Les Propriétaires, fermiers, ouvriers employés à à la culture des terres.

2° Maçons, charpentiers, ouvriers en bâtiments de la campagne.

3° Marchands de nouveautés, linge, chaussures, etc.

4° Epiciers, marchands de vins, liqueurs, bouchers, charcutiers, pâtissiers, restaurateurs, hôteliers-cafés.

5° Hommes d'affaire, quincailliers, maréchaux, charrons, fabricants de harnais, de voitures, d'instruments aratoires.

6° Libraires, papetiers, marchands de bois, de charbons, de laines, de bestiaux.

7° Enfin toute la population provinciale.

Il convient d'ajouter que cette grande industrie, produisant des denrées en quantité surabondante, procure à l'industrie, du fret d'exportation qui enrichira la nation de tout le prix de vente.

Le devoir, l'obligation des agriculteurs aussi bien envers le pays, que dans leur propre intérêt consiste à multiplier le rendement des terres; perfectionner les diverses natures de produits, grains, racines, arbres fruitiers, animaux, volailles, laines, plumes, vignes, de façon à produire tant en France qu'aux colonies tout ce qui est consommé par le peuple et l'industrie, avoir même du superflu à exporter. C'est à ce prix qu'est notre liberté qui n'existe pas, tant que nous avons besoin des autres peuples pour subvenir à notre existence, nourriture et vêtements.

Comme il est dit plus haut; la profession d'agriculteur est la plus élevée, la plus digne, puisqu'elle procure au peuple la plus grande somme de liberté, en multipliant le rendement des terres, et faisant entrer du numéraire nouveau dans le pays, par le fret exportable du superflu, nous assurant tout ce qui est nécessaire à notre existence.

Il existe à ce sujet des instructions ou maximes d'économie, que chacun doit connaitre, pour appliquer avec fruit son intelligence et son travail à la science agricole, se distinguer parmi les citoyens qui honoreront la patrie en la délivrant du joug qui la

lie à l'étranger, auquel nous demandons du grain
pour 1.500 millions l'an, cette somme doit rester
chez les agriculteurs, pour les aider à la possession
de troupeaux nombreux, faire faire en se syndicant,
les canaux d'arrosage, les assèchements nécessaires
afin de rendre toutes les terres productives. Fixer
des prix du loyer, de la durée des baux, etc., du
nombre d'arbres fruitiers qui devront exister par
hectare, de l'intervention obligée des propriétaires
dans les établissements de canaux, travaux d'améliorations de leurs terres.

Se procurer les semences les plus précoces afin de
faire deux récoltes l'an, ou que la terre travaille
moins ; que les chances de pertes soient moins
grandes.

Ne planter que de bons arbres greffés avec de
belles et bonnes espèces, n'en point souffrir d'infé-
rieurs.

Choisir de belles et bonnes races d'animaux dont
les produits auront plus de valeur sans pour cela que
les mères coûtent plus à nourrir, ni plus de soins
que n'eussent exigés ceux de race inférieure.

Par exemple 12 poules ne pondant que de petits
œufs vendus 0.50 centimes la douzaine, coûteront
autant de soins que 12 autres qui pondront des œufs
vendus 0.75 centimes. Il en est de même des bestiaux,
moutons, des arbres, des grains.

Si par l'arrosage, la fumure, le bon travail de la
terre, le choix du grain semé en août et rogné deux
ou trois fois avant l'hiver ; on récolte 40 hectolitres

à l'hectare. Le loyer, l'impôt, le fauchage n'auront pas coûté plus que si la récolte n'eût donné que 18 à 20 hectolitres. Cependant à 18 francs l'hectolitre, ce sera 360 francs par hectare que rapportera en plus la terre bien cultivée avec de la semence choisie, que n'aura produit une culture négligée.

Il existe la même comparaison : qu'il sagisse de racines, prairies, arbres fruitiers, cotonniers, arbres à thés. caféiers, etc. ; orangers, amandiers, oliviers au choix desquels on ne saurait apporter trop de soin. Les arbres, outre qu'ils n'ont besoin que de peu de soin procurent un excellent revenu, le *chauffage* et les *fruits* qui comme les noyers entrent pour un chiffre important dans une exploitation agricole bien entendue.

La race chevaline mérite une attention particulière attendu que c'est un moteur agricole en même temps qu'un objet de commerce important puisque de sa qualité peut dépendre le sort de la Patrie.

On voit combien l'agriculture est honorable.

1° C'est à elle que nous devrons notre liberté, dès que celle-là produira tout ce que nous consommons.

2° La puissance de l'armée consistant dans la vitesse de sa marche. La perfection de la race chevaline animée d'une grande vitesse, donnera cette puissance.

3° La multiplication du numéraire. cultivateurs. vous êtes les premiers de la nation, non pas seulement par le nombre, mais par la perfection que vous apporterez à votre science.

Que faut-il pour rendre toutes les terres à l'agriculture, de l'eau ici, des asséchements là. Considérant l'influence de l'arrosage alternatif sur les plantes. On peut conclure que le même arrosage opéré sur les champs, quintuplera les récoltes. Versés d'en haut, ces arrosages feront couler la fleur.

Pourquoi des inondations se produisent-elles ? qui n'existeraient pas si des réservoirs, des dérivations étaient établis partout ou c'est praticable, afin d'envoyer des eaux arroser les terres qui en ont besoin. Les dépenses occasionnées par ces travaux seraient toujours remboursées par ceux qui en profiteraient, c'est-à-dire les propriétaires ou fermiers. Ces travaux comme tous les autres seront établis par adjudication et l'industrie privée. Les enquêtes poursuivies par les soins du ministère de l'agriculture seul compétent.

L'émission de canaux maritimes intérieurs est nécessaire au transport à bon marché des denrées agricoles, l'industrie et le commerce se joindront aux agriculteurs pour l'établissement de ces émissaires, recevant ou répandant les eaux qui sont nécessaires ou nuisibles à la culture. Ces dernières serviront à transporter les produits de toutes sortes et souvent après avoir servi de moteur.

Pour atteindre ce résultat, il suffit de se syndiquer, s'engager, propriétaires et fermiers, à faire usage des conduites et travaux à établir soit pour amener l'eau soit pour l'écouler, pendant la durée des baux à l'égard des locataires et pour une durée de quarante-cinq ans au moins de la part des propriétaires afin

que les intérêts et l'amortissement des sommes
employées suffisent au remboursement en quarante-
cinq ans, époque à laquelle tous les travaux appar-
tiendront au syndicat qui a donc le plus grand intérêt à la conservation des dits travaux.

Ce mode peut embrasser toute la France et nos
possessions ou les travaux peuvent être faits simulta-
nément. Dès que les sociétés financières auront un
capital suffisant, le numéraire des agriculteurs ne
sera touché d'aucune sorte.

Il serait heureux que d'habiles industriels, fon-
dassent des sociétés se chargeant de fournir les brebis
de race produisant la quantité, la qualité de laine
désirée, le poids de la viande et la qualité recher-
chée, etc. Il en serait de même pour les vaches,
bœufs, taureaux, porcs, chevaux et juments, les
volailles.

C'est le bon choix et la nature des engrais qui
donneront à la terre une fécondité particulière,
cependant la première est l'eau alternée.

On a remarqué que : une terre doit produire une fois
pour l'homme, une fois pour les bêtes. C'est ainsi
qu'en changeant l'assolement ou nature de semence
on évite que la plante prenne sa nourriture à la
même profondeur. Par exemple, semant une terre en
froment ; la plante a sa racine en pivot, c'est-à-dire
qu'elle forme une pointe s'enfonçant profondément
en terre ou elle prend sa nourriture et l'humidité.
On doit l'année suivante semer soit le trèfle, la
luzerne qui dure une ou deux années, on arrose

alternativement, et on obtiendra ce que les Romains récoltaient, c'est-à-dire cent mesures pour une semée, suivant Pline.

Les terres employées à la culture des grains sont appelées terres arables, propres au labour, ne sont point closes. Paturages et prés, celles qui servent à la nourriture, à l'entretien du bétail celles-ci sont cloturées afin que le bétail ne vagabonde pas et s'engraisse plus vite.

Toutes les terres ont besoin d'eau pour les féconder si elles sont submergées, elles ne produisent plus. C'est afin que l'eau arrive alternativement et s'écoule de même, que l'on établit des conduits, des dérivations, des bassins fournissant l'eau quand la terre en a besoin et des conduites ou fossés par où elle s'écoule ; en sorte que l'eau alternant avec le soleil donne à la terre une fertilité prodigieuse. En Chine où ce mode est employé depuis 20 siècles, jamais la terre n'est en repos. On coupe, labour et sème en même temps et l'on fait deux bonnes récoltes de grains par an. En Angleterre, malgré un climat moins hospitalier que le notre, grâce aux travaux d'irrigations et d'engrais, aux choix de bonnes et précoces sortes de grains, ils récoltent 45 hect. pour un, tandis qu'en France on atteint à peine 20 pour un.

Il en résulte qu'en Angleterre, avec des terres qui ne représentent que les 3 cinquièmes de celles de la France et une population identique à la nôtre, ce pays produit chaque année plus qu'il ne consomme.

En France, quoique de 2 cinquièmes plus grande,

on ne récolte qu'une faible partie du grain et des
bestiaux qu'on y consomme. Il en est acheté pour
plus de 1.500 millions l'an. Toute cette somme
énorme doit rester dans nos campagnes et servir de
fonds de roulement à nos cultivateurs s'ils savent
profiter de l'enseignement que cet ouvrage cherche
à propager.

Il faut observer deux choses : être sobre afin de
ne consommer que juste le pain et les aliments qui
nous sont nécessaires et que nous récoltons. Puis
augmenter la *production* par tous les moyens possi-
bles, il n'en est aucun qui vaille l'arrosage. Introduire aux labour, fauchage, semaille, les procédés les
plus prompts et économiques ainsi qu'au battage et
aux transports. C'est ainsi que l'on obtiendra beaucoup avec peu de frais, que le prix des grains fera
concurrence à ceux des étrangers, les élimineront de
notre Patrie qui sera heureuse de ne consommer que
le grain du pays.

S'il est souvent parlé de syndicat : c'est qu'il faut
avoir de grandes terres pouvant être arrosées, assé-
chées, labourées, semées, et la récolte coupée par
machines afin de diminuer le prix des façons, permettre l'établissement des travaux : achats des outils
mécaniques et au besoin fournitures de semences,
plants, arbres, bestiaux de race, etc., toutes choses
que de simples particuliers seraient impuissants à
établir.

A l'aide de syndicats, l'agriculteur peu aisé jouira
des mêmes avantages que le riche propriétaire pour

la préparation de ses terres comme de l'arrosage, enlèvement, fauchage de ses récoltes, vente de ses produits. En effet, chacun sait combien la vente de quelques hectolitres de grains, de quelques brebis entraîne de frais au vendeur, qui s'en affranchira par le syndicat chargé de toutes ces opérations. Attendu qu'ainsi organisés ; les agriculteurs seront fournisseurs de l'État et ne subiront les exigences d'aucun spéculateur ; leurs bénéfices seront plus rémunérateurs en vendant directement les farines, les animaux de boucherie, le foin, la paille, l'avoine, jusqu'aux cuirs tannés, la laine, etc., que si ces produits passent sous les fourches caudines de spéculateurs maritimes, trouvant un avantage particulier à introduire dans le pays des produits qui *nuisent à la consommation de ceux de notre agriculture et de ceux de nos manufactures*, par suite, *entraînent la ruine de la nation.* Ces spéculateurs dangereux ne peuvent faire concurrence à nos produits agricoles, qu'avec la complicité de l'état qui les subventionne suffisamment pour que ces industriels transportent gratuitement et de tous les points du globe, des produits présentant un écart de 20 francs par tonne. Cet écart représente le bénéfice, soit pour un navire chargé de 2.000 tonneaux, 40.000 francs de bénéfices illégitimes. Puisque l'*introduction des produits nuisant à la consommation de ceux de l'agriculture ; au progrès* des manufactures. entraine la ruine de la nation (Économie).

Ceci est si vrai, que l'on peut en examiner l'exactitude. Un navire chargé de 2.000 tonneaux de blé à 250 francs les 1000 kilos. Le chargement a donc coûté 500.000 francs qui ont été donnés aux étrangers. Nos concitoyens en seront privés, cet argent servira pour acheter la poudre et le plomb qui nous sont destinés. Le pays est appauvri de toute cette somme, de plus l'État, c'est-à-dire le cultivateur en a payé le transport sous la forme de subventions de 30 millions à la marine. Dans une certaine mesure, les cultivateurs peuvent et doivent réagir contre une semblable doctrine contraire à l'économie agricole et générale.

Premièrement, en protestant près des conseils municipaux, conseils généraux, les députés, les sénateurs, enfin par de larges pétitionnements aux Chambres.

Secondement, en améliorant le système hydraulique appliqué aux terres agricoles, qui est le meilleur moyen de fertiliser la terre, puis toutes les ressources que peut procurer le syndicat, la mécanique, l'industrie.

Alors comme il a été dit plus haut: Si on récolte 40 pour un au lieu de 20 pour un, le prix du grain peut-être reduit de 50 p. 100 et les bénéfices être encore doubles satisfaisant ainsi aux nécessités des charges, avec moins de peines et plus de sûreté dans les opérations.

Un bon gouvernement doit encourager l'agriculture, qu'elle gagne assez pour avoir un cheptel nombreux et suffisant à la production de l'engrais nécessaire à l'amélioration des terres. Que les baux soient longs afin de permettre aux fermiers de jouir du rendement des terres qu'ils engraisseront. Le mieux serait que les terres soient cultivées par leur propriétaire, ou les louer emphitéotiquement. Se conformer au principe qui interdit l'introduction des produits étrangers qui nuisent à ceux de l'agriculture et de nos usines.

Que les rivières et les canaux soient navigables aux produits agricoles, servent à l'arrosage des terres.

Que les propriétaires d'un certain nombre d'hectares puissent raccorder leur ferme au canal ou à la rivière la plus rapprochée pourvu que la circulation n'en soit pas gênée. Afin de réduire les prix de transport et diminuer les prix de revient. Établir des réservoirs, des retenues pour arroser les terres. Développer leur rendement et assurer une production plus grande qui fournira des produits à exporter, multiplier les voies et canaux maritimes de l'intérieur à la mer, ceux qui doivent desservir les pays houillers dont les produits ne sont plus vendables dès qu'ils empruntent les chemins de fer. Cette mission doit être attribuée aux Chambres tandis qu'il n'en est rien.

Malgré qu'il soit de l'essence de la démocratie, que les grandeurs soient électives et que personne n'en soit exclu par État. Seuls les Ingénieurs des ponts et chaussées (à l'exclusion de tous les autres) sont les dispensateurs des voies, canaux, etc.

Nos ingénieurs civils sont bien plus habiles hydrauliciens et s'assimilent mieux les progrès des autres nations. Ils sont démocrates, cela suffit pour les préférer ; aucun d'eux ne se refuserait à subir les concours nécessaires. Avec eux la France n'aurait bientôt plus rien à envier aux nations rivales qui se moquent de notre sot amour pour des fétiches dont le moindre mérite est d'avoir précipité la France du deuxième au huitième rang du monde commerçant et cela depuis qu'une Chambre monarchique en délire leur a confié l'étude et la mise à l'enquête des travaux d'intérêt public. Maintenant ils *jugent !!*

Nous rappelons humblement aux membres sincèrement patriotes de la Chambre, l'état lamentable de nos finances, de l'agriculture et du commerce. Celui des belles et des riches colonies qui nous sont attachées. Que l'élévation des prix de transport causée par l'autocratie des travaux publics, impose une réforme légitime qui est dû au pays qui veut se régénérer sans grever les finances de l'état, que l'administration des ponts et chaussées disparaisse avec le budget qui lui est si profusément alloué. Ce sera le signal de la rénovation d'un peuple qui s'écroule, dont le dévouement n'avait jusqu'ici pas fait défaut à la République. En prenant cette résolution, Messieurs, vous aurez bien mérité de la patrie qui vous en sera reconnaissante, son bon peuple en manifestera sa satisfaction par un amour plus grand, son bonheur sera votre joie ; celui du pays, votre ouvrage.

XXVI. *Tableau des pertes annuelles subies par le Pays, géré par les Ingénieurs des Ponts et*

Chaussées, d'après le relevé exact des statistiques des Douanes.

Pertes sur l'exportation en	1883	.....	1.352.477.000
—	—	1884	1.175.867.000
—	—	1885	1.030.843.000
—	—	1886	1.000.266.000
—	—	1887	950.998.000
—	—	1888-89 ..	2.000.000.000
—	—	1890	1.000.000.000
			8.510.451.000

Ces sommes énormes, payées en espèces et en huit années, sont complètement perdues pour le Pays.

XXVII. *Résumé d'un projet de Canal maritime à niveau de la Mer ou près Paris.*

Si on considère les causes nécessitant l'établissement d'un pareil travail.

L'une, la première est d'obtenir des prix de transport très réduits.

Or, pour atteindre ce résultat.

1° Il est urgent que le trajet soit le plus court possible.

2° Que la profondeur, la largeur du chenal soient suffisantes pour y évoluer facilement avec toutes sortes de navires, même avec ceux ayant un tirant d'eau dépassant huit mètres.

3° Un canal maritime ne doit avoir aucune boucle; les collisions y seraient continuelles et le parcours impossible aux navires de 100 à 150 mètres.

4° Aucune écluse n'y doit subsister, puisqu'il suffit

d'un seul projectile pour briser une porte d'écluse et anéantir aussitôt les flottes contenues dans ledit canal.

Enfin, qui dit canal maritime ; entend avec l'eau salée. En effet, si la Seine, la Marne sont contaminées, le canal recevant leurs eaux serait proscrit aux navires. Il est donc urgent qu'un tel canal soit exclusivement alimenté par l'eau de la mer, principalement si on tient à nommer Paris port de mer, en établissant un projet de canal maritime de la mer a ou près Paris.

Nous avons du satisfaire aux conditions ci-dessus, que l'omission d'une seule, suffirait à compromettre, soit la sécurité des navires, l'exploitation et par conséquent l'intérêt des actionnaires ou bien celui du public ; même la puissance et la liberté de la Patrie.

Par exemple. Il suffit que le tracé d'un tel émissaire soit mal dirigé, comme par Rouen qui est à 235 kilomètres de Paris, par la rivière. La Chambre de commerce de cette ville est autorisée à prélever 75 centimes par tonne sur tous les navires passant à Rouen comme faisaient au Tonkin les Pavillons noirs sur le Fleuve Rouge. Faire décharger et estampiller les marchandises, obligeant ainsi les navires à un séjour illimité.

Enfin après le rechargement, le paiement des droits de quai, de déchargement, celui de transit de séjour. Le temps nécessaire au parcours ophidien d'un pareil canal qui offre 235 kilomètres de Paris à

Rouen et 132 kilomètres de Rouen à la mer, total 367 kilomètres à parcourir. Quand la distance séparant Paris de la mer n'est que de 180 kilomètres. C'est donc une différence de 187 kilomètres qui serait faite en trop, passant par Rouen.

Ensuite, les incommodités d'une navigation dangereuse interrompue pendant plusieurs mois de l'année, par le mascaret, le manque de profondeur, les brouillards, la gelée, les sécheresses, les débordements, 187 kilomètres en trop, droits à payer au passage à Rouen, séjour, droits de quai, etc., etc.

Le tout représentant une somme colossale prise au commerce et aux ouvriers parisiens au profit de Rouen.

Alors, rien n'impose un travail, comme un canal qui ne produit pas de réduction des prix de transport, ni plus de célérité de ces transports.

Aussi avons nous évité à Paris et au commerce français l'outrageante obligation de soumettre ses marchandises à la visite rapace qu'imposerait un tel tracé. Préférant celui d'un canal direct dont le parcours sera de 177 kilomètres, la profondeur, de 7 mètres à basse mer et 9 mètres à marée haute, la largeur, de 60 mètres au minimum et jusqu'à 250 mètres. Le plafond ou sol dudit canal sera plus bas de 1 mètre que celui du seuil de la Seine.

Son confluent avec la Seine aura lieu à ou près Vieuxbord, à 22 kilomètres de l'embouchure de la Seine.

Les conséquences immédiates d'un tel tracé, se

manifestent par la promptitude du parcours qui sera
fait en 5 à 6 heures, tandis que par Rouen il dépassera 3 jours. Le prix de transport de Paris à la Méditerranée, l'Espagne, le Portugal, le Maroc, l'Algérie,
l'Egypte, l'Orient, l'Amérique du Sud, l'Inde sera le
plus réduit et le voyage plus prompt que ne le
pourront faire les autres nations. Il faut se rappeler :
« *Qu'entre nations commerçant ensemble, le
moindre écart dans les prix de transport, suffit à
enrichir la nation favorisée, quand les autres
s'appauvrissent.* »

. La France serait donc privilégiée, le commerce
florissant pourrait vendre sur tous les marchés à aussi
bon compte que nos rivaux. Aussi d'après les statistiques comparées, des prix, entrées et sorties des
ports les plus rapprochés de Paris.

. Les entrées dans le port de Paris sont estimées à
6 millions de tonneaux l'an. Les sorties, également
à 6 millions l'an, soit un total de 12 millions de
tonneaux l'an qui produiront environ. **40** Millions

Le projet estime les dépenses de toutes sortes pour la construction dudit
canal à.................................. **500** —

Dont l'intérêt à 5 o/o est de........ **25** —

Les frais d'exploitation à.......... **10** —

Restera donc .... **5** —

C'est maintenant qu'apparaissent les bienfaits du
tracé qui nous est soumis.

Tandis que par Rouen. Les navires ne peuvent franchir qu'en plusieurs jours la distance qui les sépare de Paris.

Il suffira de 5 à 6 heures pour parcourir le canal proposé par les navires bien faits ; trajet qu'aucune armée ne peut effectuer qu'en 24 heures. Paris comme tout le territoire traversé par ledit canal, serait donc protégé par l'artillerie maritime, bien plus puissante et cependant plus mobile que celle de terre. Ensuite, pour le transport de 12 millions de tonneaux, 1500 nouveaux navires de 2000 tonneaux sont nécessaires. Ces 1.500 navires occuperont 30 hommes chacun ; ce seront « 45.000 nouveaux marins » que 750 de ces navires soient pourvus de chacun 3 canons, égale 2250 canons. Ces mêmes navires peuvent porter 1000 hommes chacun, soit : 750.000 hommes, protégés par une flotte de plusieurs centaines de navires qui peuvent porter canons et provisions, éclairer, soutenir, protéger le corps principal. Cette énorme puissance peut quitter Paris à 6 heures du soir et débarquer le lendemain sur des terres étrangères sans même avoir été apperçu par nos compatriotes. Telle le serait cependant la conséquence du projet Wiart soumis à la Chambre qui a nommé M. Emile Moreau, rapporteur.

Nous pensons qu'avant toute résolution touchant l'enquête ouverte sur le projet de Paris port de mer, il convient d'examiner le projet Wiart qui répond à la nécessité des progrès du commerce, à la défense de la Patrie, à l'accroissement de la puissance nationale.

En effet, combien de nécessiteux trouveront de l'emploi dans l'entreprise du canal ou on aura 136.000 employés et 45.000 marins nouveaux. L'expatriation rendue facile, le commerce avec toutes les nations ouvrira de nombreux marchés ne laissant plus d'inoccupés.

Le commerce d'exportation qui perd **1 milliard** l'an, gagnerait **1800 millions**, plus **1 milliard** perdu ; différence : **2800 millions** en notre faveur chaque année.

On doit ajouter ici que le projet prévoit la confection et l'établissement d'un cable maritime universel et manipulé par des nationaux. C'est ce qui constituera l'indépendance de la France qui est obligée de faire passer ses dépêches par les câbles anglais.

Il n'est demandé à l'état, ni subvention, ni garantie d'intérêts. On pense réaliser le projet en trois ou quatre années et avec la somme de 500 millions qui sera représentée par un million d'actions à 500 francs offertes au public et produisant 25 francs d'intérêt pendant la construction dudit canal. L'outillage seul nécessaire à la confection de ce travail dépasse le chiffre de 80 millions. Les déblais atteindront 350 millions de mètres cubes.

Le port en eau de mer nécessitera un mouvement de 32 millions de mètres cubes, il occupera 2 millions de mètres.

Ce n'est pas seulement le plus grand travail des temps modernes, c'est aussi la plus immense entreprise existant.

Il a fallu organiser de nombreux chantiers, outiller mécaniquement afin d'assurer le résultat d'une aussi vaste entreprise qui amènera vraiment, l'eau de mer à Paris, où elle montera 2 fois en 25 heures. Ce sera véritablement *Paris port de mer* pour toujours.

C'est le seul projet qui puisse satisfaire les citoyens désirant doter Paris d'eau de mer. L'administration sera reliée par un câble avec tous les ports du monde : fournira des primes au capitaines, armateurs, employés ayant rendu des services exceptionnels ; aux constructeurs de navires dont la vitesse, la marche générale seront remarquables ; l'instruction aux enfants ; des cours aux adultes ; des pensions ; formera des sociétés de secours afin qu'aucun des employés ne soit dans la nécessité ou l'indigence.

Ayant prévu un trafic de 12 millions de tonneaux, afin de subvenir aux charges. Nous nous sommes assurés une organisation particulière, qui procurera cet énorme mouvement commercial, croissant chaque année atteindra probablement un chiffre bien supérieur en quelques années.

En été, la corruption si facile de l'eau privée d'un écoulement, nous oblige a n'employer autant que possible, l'eau que la mer changera deux fois en 25 heures ; de manière à rendre agréable les alentours des ports et du canal, qui seraient bien vite empestés s'ils n'étaient alimentés qu'en eau douce.

Nous évitons le contact de la Seine pour ne pas défigurer la si jolie vallée qui porte le nom de cette belle rivière. Priver tous les riverains de leur char-

mante voisine et leur offrir à la place un égoût en-
foncé jusqu'à 25 mètres de profondeur. D'ailleurs
personne n'a le droit d'imposer à un riverain une
substitution de niveau équivalent à la suppression
de la rivière, si on ajoute que la Seine vient de
subir pour 52 millions de travaux qu'il faudrait
abattre, quoique cette rivière soit navigable et dis-
pose d'une profondeur de 3^{m}20.

Enfin la contamination possible des eaux de cette
rivière troublerait l'économie de l'exploitation.

Considérant les inconvénients occasionnés par
l'emploi de l'eau de rivière.

Le projet évite de recevoir l'eau douce : elle sera
absorbée par des syphons, puis rejetée sur la rive
opposée : toutes les fois que ce sera nécessaire.

Ce projet loin de nuire à la beauté de la vallée,
sera un diamant de plus.

Les riverains élèveront des usines, posséderont
des navires avec lesquels ils feront les transports
pour eux et pour les autres. C'est une nouvelle
source de fortune pour les habitants de la vallée de
la Seine.

Avec le tracé du projet Wiart, offrant une longitu-
dinale de 180 kilomètres parcourue en 5 à 6 heures
au lieu de 3 ou 4 jours que l'on mettra par la Seine.
Point de droits à payer à Rouen, pour frais de
transit, déchargement, estampillage, droits de quai,
sans compter les autres Cette ville sollicite l'État
pour qu'il fasse dans la basse Seine, 300 millions
de travaux. Donc les navires y passent difficile-

ment !!! D'ailleurs personne n'ignore que Rouen manque de profondeur, qu'un navire tirant 5^m50 y talonne.

Le projet Wiart donne 7 mètres à marée basse et 9 mètres à marée haute.

Par une suite de circonstances ; l'altitude de l'eau du canal devra être toujours plus haute qu'à la barre même de la Seine et favoriser la profondeur de un mètre. C'est ce qui fait dire que la profondeur moyenne de ce canal atteindra huit mètres. Aucun port de commerce ne présentera plus de sécurité aux navires.

On peut conclure de ce qui précède :

Que le projet Wiart procure les prix de transport les plus réduits.

Le plus court trajet offre la plus grande sécurité aux navires. Sans boucle, ni écluse, ayant une profondeur considérable, ce canal recevra les navires les plus puissants comme les moindres, tous y pourront lutter de vitesse comme sur mer.

Il ne change pas l'aspect de la vallée de la Seine, pas plus qu'il n'attente à la liberté des riverains en les privant de leur chère rivière. Enfin tout ce qui environnera les ports aura 4 degrés moins froid l'hiver, et abrité contre l'infection apportée par l'eau qui croupit, attendu que dans le port, la mer y montera toutes les 12 heures et demie, renouvelant sans cesse les eaux du canal et celles du port. Toutes les rives et les bords en seront enchanteurs. Nous espérons qu'il apportera autant de richesses à la

France que de belles eaux à Paris. Tout le monde étant d'accord sur la nécessité d'établir une voie maritime de la mer à Paris, dont une enquête a lieu en ce moment.

Les intérêts que vous représentez, les vôtres mêmes, ceux du citoyen vous engageront sans doute *d'accepter un projet de canal*, mais remplissant les conditions indiquées ci-dessus, sans lesquelles il ne peut être d'aucune utilité.

A l'appui de ce qui précède, des suppressions, il est bon de démontrer que malgré l'étiquette du gouvernement république démocratique, la France a le plus autocratique gouvernement du monde et ce sont les Polytechniciens qui, sous forme d'ingénieurs des ponts et chaussées, ingénieurs de la marine, constructeurs des navires de l'État ne marchant pas, propriétaires des eaux des rivières, canaux, etc., dont ils n'ont jamais su tirer aucun parti, nous laissent sans aucune voie maritime intersairé. Les tarifs de transport étant cinq fois plus élevés que ceux des Anglais qui ont toutes leurs lignes en concurrence, pour lesquelles l'état n'est pas intervenu, ingénieurs-constructeurs de chemins de fer à raison de 312.000 francs le kilomètre que l'industrie privée ne fit jamais payer plus de 100.000 francs.

En voilà 14.000 kilomètres d'ébauchés depuis le trop fameux plan Freycinet c'est 14.000 multiplier par 212.000 égal 2.968 millions dépensés eu trop. Voyez ce que cette suppression produirait.

Dois-je signaler l'infériorité de nos ports de commerce, de la marine marchande, possédant 2.000 navires, avant d'avoir été placés comme les ports, sous les fourches de ces incapables désignés plus haut et malgré une subvention illégitime de 30 millions allouée depuis 45 ans à cette marine, c'est ce qui permet à celle-ci d'introduire des produits étrangers nuisant à ceux du pays, notamment des grains dont nos terres produiraient avec profusion dès qu'elles seraient arrosées. Ceux qui ne savent faire ces nullités poly-technitiennes !! C'est pourquoi notre numéraire fuit chaque année chez nos ennemis et les peuples bien administrés. Ces subventions iniques sont versées avec surabondance aux compagnies de chemins de fer qui sont cependant privilégiées. Elles ont atteint 185 millions depuis 1884 !!! Que serait-ce donc si l'on établissait des lignes rivales comme en Angleterre, en Belgique, etc. Pour ne pas être surpris de ces largesses, il faut dire que ce sont toujours des fils d'archevêques, ou des chers camarades qui dirigent les services, qu'ainsi, les permis de voyages gratuits aux chers camarades, aux papas, chers frères, chères sœurs, etc., en place capitonnée forment un vide énorme dans les recettes, vide que l'état est chargé de boucher.

Enfin, on ne doit pas oublier les nominations d'un mérite très contestable de Miribel Duperré et ...... le véritable crac de notre marine digne de l'époque de Henri III.

Doit-on croire à la puissance de notre artillerie et autres armes ? Attendu que cela est encore fait par

les mêmes conteurs, c'est s'abuser grossièrement que
d'ajouter foi aux promesses de ces hableurs. Qui ne
se souvient du fameux maréchal Lebœuf de 1870,
assurant au pays que dans les magasins de la guerre
il n'y manquait pas même un bouton de guêtre, par
la raison que les guêtres manquaient. Jamais ces gens-
là ne firent autre chose que le malheur du pays.

Ne donnent-ils pas des cartes de voyages gratuits à
nos législateurs, n'est-ce pas une corruption de ce
grand corps et au profit de tous ces chers camarades
auxquels il suffit de manifester la plus sotte bourde
pour que la Chambre vote. C'est ainsi que cette belle
congrégation proposa une demande de crédit de
96 millions pour améliorer la basse Seine ! sans projet, ni garantie. La Chambre tenant ces cartes de
voyage, s'empressa d'en remercier ces zéros en leur
allouant 96 millions, puis 185 millions qu'ils donnent
aux chemins de fer, 30 millions à la marine, 140
millions pour les chemins de fer improductifs, par
l'incapacité noire de ces corrupteurs, l'état perd l'an
un milliard sur les exportations.

Faute d'un canal maritime de Paris à la mer qui
produirait un bénéfice annuel de 1500 millions dont
le projet a été soumis à l'examen du Ministre des
travaux publics!!! Autant l'envoyer à l'examen de
gens ignorant la lecture.

Ces savants chargés *d'examiner* un projet de
canal ont *jugé* que la *rivière*, etc.!!!

La Chambre accepta ce jugement!!! c'est grotesque,
mais autenthique.

C'est donc par une perte annuelle de 1500 millions que se solde ce célèbre jugement. Leurs grandes commissions générales de Polytechniciens s'emparant des ministères. C'est absolument une congrégation jésuitique prétendant que nous devons tous travailler pour ces incapables.

Il existe même un décret prouvant que c'est l'autocratie qui gouverne si le fait précédent (*jugement du projet de canal*) ne suffisait pas, et ainsi conçu : *Lorsqu'il sagit d'un chemin de fer départemental, le conseil général ayant voté, le préfet approuve après l'avis favorable de l'ingénieur en chef.* Est-ce assez autocratique.

Ils ont toutes les audaces, n'ont-ils pas proposé un projet de loi atteignant ceux qui les critiqueraient. Les chers immaculés Saints Ignaces, infaillibles constructeurs de ponts en sucre, soyez bientôt chassés du pays que vous opprimez et que vous ruinez si complètement, qu'il ne peut mettre ses armées en marche faute d'argent que vous gâchates abondamment.

Lorsqu'on craint la critique, on ne s'y expose pas. La preuve de la bonté du Français, c'est votre présence, celles des camarades aux Chambres et jusqu'au premier siège du gouvernement. Quand tous les fonctionnaires doivent être inéligibles, vous cumulez les emplois d'inspecteur *général* de première, deuxième classe n'inspectant rien. Sénateur, député, ministre, membre de grrrandes commissions, essayez-donc d'en faire autant dans les pays protestants ?

Vous ne le tenterez pas, le colombier où vous êtes est trop bien approvisionné. Le gras budget se laisse mordre volontier par vos crocs auxquels il convient de vous laisser le soin de pourvoir à vos appétits insatiables.

Comme Monseigneur l'Évêque de Rome, Ignace, etc., vous devez être sanctifiés, infaillibles pour la bêtise humaine et l'attentat aux libertés du peuple. Chers immaculés que n'êtes vous évêques; il est vrai que l'on doit rester célibataire, sans cela on ne verrait que des polytechniciens mytrés. Que diable de Concile de trente. Ne peut-on le réviser pour que nous soyons débarrassés de ces ambitieux et malfaisants autocrates si nuisibles à la nation. Espérons que mes chers concitoyens, plus clairvoyants et énergiques, feront à ces farceurs une conduite complète afin qu'ils ne reviennent plus, c'est notre plus grand désir.

FIN

TABLE DES MATIÈRES

INTRODUCTION

PREMIÈRE PARTIE

DEUXIÈME PARTIE

COMPIÈGNE

IMPRIMERIE-LIBRAIRIE Gustave DUMONT

9, RUE DES PATISSIERS, 9